S0-AUQ-496

El socio

THE SCRIBNER SPANISH SERIES

General Editor, Carlos A. Solé

The University of Texas at Austin

El socio

Jenaro Prieto

Edited by

Fernando Barroso
James Madison University

Esther J. Perales Cohen
Spotswood Senior High School

Rockingham County, Virginia

Howard R. Cohen
James Madison University

James N. Conis
James Madison University

Charles Scribner's Sons · New York

Copyright © 1983 Charles Scribner's Sons

Library of Congress Cataloging in Publication Data
Prieto, Jenaro, 1889–1946.
 El socio.

 (The Scribner Spanish series)
  1. Spanish language—Readers.   I. Barroso, Fernando J.
 II. Title.   III. Series.
 PQ8097.P77S6   1983   468.6′421   83-16446

ISBN 0-02-396800-1

This book published simultaneously in the
United States of America and in Canada—
Copyright under the Berne Convention.

All rights reserved. No part of this book
may be reproduced in any form without the
permission of Charles Scribner's Sons.

3 5 7 9 11 13 15 17 19   20 18 16 14 12 10 8 6 4 2

PRINTED IN THE UNITED STATES OF AMERICA.

Drawings by Debbie Kidwell

Contents

Introduction

The Author and the Novel

Jenaro Prieto was born in Santiago, Chile, on August 5, 1889. He studied humanities, and in 1907 began his studies at the Universidad del Estado. He received a law degree in 1912. One year later his literary career was launched with the publication of a series of articles in the influential newspaper *El Diario Ilustrado*. This outpouring of articles, in which he treated all aspects of Chilean life, continued until shortly before his death in 1946. These articles have been praised by the Chilean critic Raúl Silva Castro, who observed: "El historiador de la vida política de Chile que quiera saber algo acerca de cómo eran los chilenos entre 1915 y 1945 debería leer los artículos en que Jenaro Prieto vertía en humor inagotable las ricas observaciones de que era capaz." Two praiseworthy collections of Prieto's best articles were to be published: *Pluma en ristre,* in 1925, and *Humo de pipa,* in 1955. These works received favorable critical commentary both at home and abroad. A book of memories, *La casa vieja,* was published posthumously.

Jenaro Prieto wrote two novels, *Un muerto de mal criterio* (1926) and *El socio* (1928). The literary gift that pervaded the essays was to develop into creative genius in the novels. The author remained a careful observer and depicter of human nature who infused his works with a strong sense of satire and humor. To this day *El socio* continues to be Prieto's most popular work. It has gone through several editions in Chile, has been translated into several foreign languages, and was the theme of a theatrical work by Luca de Tena that enjoyed great popularity in Spain. Eventually, a Mexican movie was based on the novel.

In *El socio* Prieto tells the story of Julián Pardo, a timid and insecure individual who considers himself to be a failure in all aspects of his life. One day, in order to avoid making a decision on a financial matter, our hero decides to invent a partner, one Walter R. Davis. Mr. Davis is an eccentric Englishman who commands the immediate respect of everyone. Through his skillful use of the lie of Davis's existence and power, Julián is able to develop a second personality, a kind of Dr. Jekyll and Mr. Hyde, and he is able to act decisively while operating under the feigned directives of his invented partner. This approach soon leads to success in the business world, and it is not long before Pardo is living the good life, complete with a new car, a chalet in the country, and even a mistress, Anita Velasco.

From the beginning one quickly sees that Julián is mentally ill; however, at first his illness is not pronounced. Some early signs of his mental imbalance are his being moved deeply by the death of a horse and his self concept as "una persona irresoluta" and as "un neurasténico." At the same time, however, while operating under "Davis's orders," Julián is able to be insolent and decisive while earning large sums of money in the market.

As his mental illness advances, his behavior becomes more erratic. He suffers from hallucinations during his waking hours. While resting, he suffers from nightmares. Interspersed among his nightmares and hallucinations are lucid moments in which he is able to realize that Davis is nothing more than a figment of his imagination. His derangement becomes more acute when he falls from his horse during the "duel" with Davis. The culmination comes when, after being abandoned by his mistress and his wife and being financially destroyed, Davis appears to Julián and assures him that since he has never existed outside of Julián's mind, he is indestructible. Here one can easily discern the influence of the great Italian dramatist Luigi Pirandello, author of *Six Characters in Search of an Author.* Prieto carefully details and embellishes Julián's conflicts with Davis in order to increase the novel's credibility. While some may believe that this aspect of the work is a bit exaggerated, it must constantly be borne in mind that at this point in the novel the protagonist's mental illness is so far advanced that he cannot distinguish between fantasy and reality. Ultimately it is the pressure of living a lie that occasions Julián's complete breakdown and the novel's final tragic outcome.

The year 1945 has come to represent an arbitrary line of demarcation in the development of the Latin American novel. Before that year the novel was characterized by omniscient narrators, a mimetic quality, and a positivist orientation. *Costumbrismo,* a description of the customs and mores of the people, assumed major importance. Often the novel had an explicit ideology; the political novel, for example, was written to show the abuses of power perpetrated upon the people by the ruling class. The first great political novel in Latin America was *Amalia* by the Argentine author José Mármol. It was published in serial form from 1851 to 1855. The positivist doctrine of the telluric novel *Doña Bárbara* by Rómulo Gallegos is that by following the example of the United States, Latin America can bring about a technological progress allowing civilization to triumph over barbarity.

After 1945 a new type of novel becomes preeminent, the philosophical and psychological novel. In this genre external factors are relegated to a position of secondary importance as authors turn their attention toward an exploration of the mystery of the internal workings of the human psyche. While Prieto employs an omniscient narrator and other techniques in vogue in the pre-1945 novel, *El socio* can nevertheless be viewed as a precursor of the psychological novel that was to follow, this owing to the admirable description of the progressively demented behavior pattern of the novel's principal protagonist. In his contrasting of objective and subjective reality, the author creates a novel that is both comic and tragic while at times bordering on the grotesque. However, more than anything else, *El socio* is an entertaining novel, one that captures the reader's attention at the onset and holds it to the very last word.

Goals of the Text

The vocabulary of *El socio* is rich, poetic, and laced with colloquial words and expressions from Chile. This, however, should not obscure the fact that the novel is written in excellent Spanish. Every attempt has been made to clarify in the footnotes

the colloquial words and expressions as well as technical vocabulary related to the stock market with which the student is probably
not familiar. In addition, the final vocabulary at the back of the
book should prove to be an invaluable aid because it is rather
extensive, the primary exclusions being cognates and words that
will be understood by referring to the footnotes.

The goals of this text are two-fold. First and foremost is the
matter of improving the student's Spanish. The second year of
language study is the "make or break" year for most students. To
move ahead at this juncture requires that they distance themselves
from the familiar and secure, yet confining technique of decipher-
ing on a word-by-word or sentence-by-sentence basis. The technical apparatus of this text is designed to aid the student in doing just
that. To that end the recommended approach is to make immediate
use of the footnotes as one reads while using the end vocabulary
to check unknown words only after completing each chapter or
subdivision thereof. In using this technique the student will probably find that the material following many unknown words clarifies
their meanings, thus reducing the amount of time required to read
a passage as well as enhancing the student's ability to read fluently.

The second goal of this text is to provide the student with an
outstanding literary work, one that will provide fruitful and enjoy-
able reading, irrespective of the goal of language learning. *El socio*
seems an ideal work for this purpose; while the ostensive theme of
the novel is Julián's deepening crisis in the stock market, the novel
is, in one critic's words, "un retrato simbólico del medio ambiente
en que todos los hombres viven. Demuestra que las vidas de los
hombres están llenas de y muchas veces regidas por los simbolis-
mos. A pesar de ser una novela fantástica, en la descripción de sus
personajes tan universales, asoma un realismo mágico que le im-
parte verosimilitud."

A Word about the Exercises

This classroom edition of *El socio* is unabridged. The editors
believe that with the aid of the accompanying apparatus the se-
cond-year student should have little difficulty with the work. By
preserving the original text intact, the full flavor and impact of
Prieto's work is brought to the reader.

The accompanying exercises should be employed by the teacher after the completion of each five chapters of the work. The specific purposes of the exercises are as follows: The *preguntas* and *temas* are designed to insure student comprehension as well as to improve vocabulary and conversational ability. Moreover, the *temas* delve into salient topics of the novel's ideology as well as the author's techniques.

The *ejercicios gramaticales y léxicos* are designed to improve the student's knowledge of idiomatic expressions and important grammatical principles, the mastery of which is deemed indispensable for a complete understanding and enjoyment of the novel.

The editors, finally, wish to express their appreciation to Carlos Solé of the editorial board of Charles Scribner's Sons for his most valuable advice and aid in the preparation of this manuscript. Appreciation also goes to Jenaro Prieto Vial, son of the late author, for his assistance in obtaining permission to publish.

Occasionally one comes upon a book from the past that seems as timely and alive as when it enjoyed its first burst of popularity. The editors believe that *El socio* is such a novel. We hope that students and professors alike will concur.

F. B.

E. J. P. C.

H. R. C.

J. N. C.

El socio

El socio

Los únicos seres reales son los que nunca han
existido, y si el novelista es bastante vil, para
copiar sus personajes de la vida, por lo menos
debiera fingirnos que son creaciones suyas, en
vez de jactarse de la copia.

OSCAR WILDE

Capítulo 1

"¡Imposible! Necesito consultarlo con mi socio . . ." "Sabes 1
bien con cuánto gusto te descontaría esa letra;[1] pero. . . , hemos
convenido con mi socio . . ." "Hombre, si no estuviera en sociedad,
si yo sólo dispusiera de los fondos, te arreglaba este asunto sobre
tabla[2]. . . , desgraciadamente el socio . . ." 5
¡El socio, el socio, siempre el socio!
Era la octava vez en la mañana que Julián Pardo, en su triste
vía crucis de descuento,[3] oía frases parecidas.

---

[1]**Sabes . . . letra**   You well know how gladly I would waive that note for you
[2]**te arreglaba . . . table**   I would arrange that matter for you at once (Note that
the imperfect tense often replaces the conditional in conversational Spanish.)
[3]**en . . . descuento**   wandering along unrecognized in his unhappy life

1   Al escuchar la palabra "socio" inclinaba la cabeza y, con
sonrisa de conejo, se limitaba a contestar:
—Sí, sí; me explico tu situación y te agradezco. Luego, al salir,
refunfuñaba[4] mordiéndose los labios:
5   —¡Canalla! ¡Miserable! Yo que le ayudaba tantas veces . . . Y
ahora me sale con el socio[5] . . . ¡Como si no supiera que es un mito!
¿Quién iba a ser capaz de asociarse con ese badulaque?[6]
Una llovizna helada le azotaba el rostro.[7] Parecía que el sutil
polvo de cristal se empeñara en lijarle las facciones,[8] enflaquecidas
10 por el insomnio, acentuando en ellas esa especie de ascetismo que
el pulimento da a los tallados en marfil.[9]
El fondo de la calle se veía como a través de un vidrio esmerilado.[10] Los rascacielos, inmenso hacinamento de cajones
vacíos,[11] se oprimían unos contra otros, tiritando como si el viento
15 los estremeciera.
—El socio . . . el socio . . . —seguía mascullando Julián Pardo
—, una farsa, una disculpa ignominiosa. . . , o algo peor. . . , sí,
¡ya lo creo!, una verdadera suplantación de persona, ¡Sinvergüenza!
En la esquina, un grupo de gente se arremolinaba[12] en torno
20 de un coche de alquiler. Julián se acercó también y estiró el cuello
por sobre los curiosos. ¡Estúpidos! Miraban un caballo muerto.
Ahí estaba el pobre animal con las patas rígidas, los ojos
turbios, el cuello como una tabla y los dientes apretados . . . Parecía
sonreírse.
25 Julián no podía apartar los ojos de ese hocico,[13] contraído en
una mueca[14] de supremo sarcasmo. ¡Pobre bruto! Como él, caería

---

[4]**refunfuñaba** he grumbled
[5]**Y . . . socio** And now he comes to me with that business about his partner
[6]**badulaque** good-for-nothing
[7]**Una . . . rostro.** A freezing drizzle beat down on his face.
[8]**lijarle . . . facciones** to wear away his features
[9]**que . . . marfil** that polish gives to those (features) carved in ivory
[10]**vidrio esmerilado** polished glass
[11]**inmenso . . . vacíos** a huge pile of large empty boxes
[12]**se arremolinaba** milled around
[13]**hocico** snout
[14]**mueca** smirk

un día, agobiado de trabajo, hostigado por el látigo de las preocu- 1
paciones[15]... Un acreedor, un auriga, una mujer..., ¡cuestión de
nombre solamente!

¡Oh! Esa sonrisa del caballo parecía decírselo bien claro:
—Hermano Pardo, no me mires con esos ojos tristes. De los 5
dos, no soy seguramente yo el más desdichado... El coche ya no
me pesa. Ahora descanso. Cuando esta noche, mal comido, sin
desuncirte de la carga de tu hogar, llames en vano al sueño, yo
estaré durmiendo plácidamente como ahora. Mañana, tu mujer y
tu chiquillo subirán al coche; un acreedor gordo empuñará la fusta, 10
y tú, mudo, con la boca amordazada por el freno de la necesidad,
reanudarás el trote interrumpido.[16] No creas que me río de tu
suerte. El sufrimiento me ha enseñado a ser benévolo. Esta mueca,
esta contracción de mis mandíbulas que te ha parecido una sonrisa
es sólo un gesto de desprecio hacia el cochero... ¡Qué ridículo me 15
resulta ahora con su látigo y su gesto amenazante! ¡Por primera vez
me río del cochero!

"Colega Pardo: ¡confiesa lealmente que me envidias!"

¡Qué insolencia!

Julián habría querido contestarle. El tono manso y bondadoso 20
no disminuía el escozor de la verdad. Por el contrario, la hacía más
humillante. ¡Qué demonio! ¡Ser tratado de colega por un caballo
muerto!; pero ¿era razonable que un corredor en propiedades[17] se
pusiera a discutir en plena calle con los restos de un jamelgo?[18]

Miró a su alrededor. En el compacto círculo de curiosos se 25
destacaba una mujer, casi una niña, envuelta en una suntuosa piel
de marta.[19] Su rostro delicado emergía del ancho cuello del abrigo,
con ese encanto producido tal vez por el contraste de invierno y
primavera de las flores unidas a las pieles.

---

[15]**hostigado ... preocupaciones**   lashed by the whip of worry
[16]**un acreedor ... interrumpido.**   a fat creditor will pop the whip, and you, without
saying a word, muzzled by necessity, will resume the interrupted trot.
[17]**corredor en propiedades**   real estate agent
[18]**jamelgo**   nag
[19]**suntuosa ... marta**   sumptuous sable fur

Los ojos, de una fingida ingenuidad —candor de estrella 1
cinematográfica— subrayaban una sonrisa de Gioconda:

—¿Es Ud. el dueño del caballo?

—¿Por qué me lo pregunta, señorita?

—Porque . . . ¡lo mira Ud. con unos ojos tan tristes! 5

Por toda respuesta Julián le dirigió una mirada furibunda.
¡Era un colmo! ¿Qué le importaba a esa mujer lo que él hiciera?
¡Dueño del caballo! ¿Le hallaba aspecto de cochero?[20]

Con aire de profunda sorpresa, ella se volvió a su amiga —una
morena regordeta que apenas asomaba la nariz entre la boca y el 10
sombrero.

—¡Fíjate, Graciela! Parece que el señor veterinario se ha ofendido.

—¡Tonta! —dijo la otra riendo—. ¿Hasta cuándo vas a seguir
haciendo disparates? 15

Y tomándola de un brazo la arrastró fuera del grupo.

La mirada iracunda de Julián la siguió hasta el automóvil que
las esperaba al lado de la acera. Desde la ventanilla los ojos claros
se volvieron risueños[21] como diciéndole:

—¡No haga usted caso! Es una broma . . . Sé muy bien quién 20
es usted . . . Perdóneme.

Pero él no estaba para burlas.[22] ¡No faltaba más![23] ¡Que fuera
a divertirse a costa de otro! ¡El señor veterinario! Una mal educada,
simplemente; y sin duda, presumía de señora. Todo el mundo se
creía con derecho a decirle algo. El caballo. . . , la muchacha 25
. . . y, ¡cosa extraña!, le desagradaba más ser llamado veterinario
por una mujer, que colega por un caballo muerto.[24]

---

[20]¿Le . . . cochero?   Did he look like a coachman to her?
[21]los ojos . . . risueños   her sparkling eyes reflected mirth
[22]Pero . . . burlas.   But he was in no mood for joking.
[23]¡No faltaba más!   That's all he needed!
[24]le desagradaba . . . muerto.   It bothered him more to be called a veterinarian
by a woman than to be called a colleague by a dead horse.

Capítulo 2

¡Cómo había engordado ese bárbaro de Goldenberg! Al mirarle, con la papada desbordante[1] en el cuello de anchas puntas, los ojillos capotudos y la nariz agazapada como un zorro en el nidal de los mofletes,[2] Julián Pardo no podía menos de hacerse amargas reflexiones[3] sobre el transcurso de los años.

Ese hombre de negocios que honraba con el peso de su personalidad su modesta oficina de corredor en propiedades, había sido su compañero de colegio.

¡Goldenberg, el "sapo" Goldenberg, como entonces le llamaban! Parecía que hubiera sido sólo ayer. Recordaba cuando un viernes en la tarde —día de asueto[4] por el cumpleaños del Rector — el "sapo" Goldenberg le cogió confidencialmente de un brazo.

—Oye, Pardito, ¿tienes plata?

—Sí; un peso. . . , para comprarme unos cuadernos . . .

—No importa; yo mañana te los traigo; me los consigo con mi hermano, que es muy tonto. ¿Vamos a tomar helado?

¡Qué proposición aquella de tomar helado! Julián recordaba que al oírla entonces experimentó la misma tentación que hoy, veinticinco años después, al escuchar a Goldenberg, envejecido y corpulento, hablarle de "un negocio, un negocio un poco raro si se quiere. . . , pero un negocio lucrativo en todo caso".

—Yo no tengo capitales —había dicho ahora Julián con timidez—. ¿En qué forma podría serle útil?

No le trataba ya de tú como en los tiempos del colegio.

¿Capitales? . . . No se necesitan.

¡Oh! ¡Desde el punto de vista de la audacia, Goldenberg no había cambiado en lo más mínimo! ¡Seguía siendo el mismo de antes! Con igual gesto de seguridad el chiquillo rubio y regordete de la tercera preparatoria, dando vueltas entre los dedos a la gorra

---

[1]**papada desbordante**   huge double chin
[2]**como . . . mofletes**   like a fox crouching in the nest that were his two cheeks
[3]**no podía . . . reflexiones**   couldn't help making bitter reflections
[4]**día de asueto**   holiday

de marinero, había pulverizado otras observaciones no menos 1
graves de Julián:

—Un peso . . . No vamos a poder darle propina al mozo
. . . Los helados son a cincuenta la copa . . . Va a alcanzarnos al
justo para dos . . .   5

—Para tres, querrás decir.

—Pero ¿estás loco?

—Eres un tonto. ¡Mira!

Y buscando en el fondo del bosillo como si se tratara de un
tesoro,[5] el "sapo" Goldenberg le había enseñado en la mano un 10
diminuto bulto negro.

—¿Sabes qué es esto?

—Sí . . . una mosca . . . una mosca muerta . . .

—¡Tonto! Esta es la otra copa.

—No entiendo.   15

Lo mismo decía ahora Julián. "No entiendo, no entiendo eso
de que para un negocio no haya necesidad de capitales . . ." Pero
en su niñez era más dócil, porque, dejándose arrastrar por Goldenberg aquel remoto día de asueto, había entrado lleno de dudas y
temores en la confitería.   20

Con qué extraño sobresalto escuchó entonces a su condiscípulo golpear la mesa de mármol y pedir con voz casi tan fuerte
como la de su papá:

—¡Mozo, traiga dos helados de frutilla!

Eran ricos, deliciosos, y daban unas horribles tentaciones de 25
alisarlos con la punta de la lengua.[6] Si no fuera porque había tanta
gente . . . Hasta la cucharilla en forma de palita era un encanto.
¡Ah, si toda la cordillera, cuando se pone rosada por la tarde, fuera
de helados de frutilla! De repente Samuel le dio un pellizco.

—¡Mira!   30

Y dejó caer la mosca en los residuos de su copa, mientras
gritaba:

—¡Mozo! ¡Mozo! ¡Estos helados están sucios!

---

[5]**como . . . tesoro**   as if it were a treasure
[6]**alisarlos . . . lengua**   to smooth them with the tip of his tongue

1   El viejo sirviente, atareado y vacilante entre las mesas, se
acercó haciendo equilibrios con la gran bandeja llena de tazas y de
vasos:[7]

—Disculpe, señor. No importa, le traigo otro.

5   El "sapo" Goldenberg miró a Julián triunfante.

—¿Ves, Pardo? ¡No hay que ser tonto!

Y, fiel a su teoría, ahí estaba el mismo Samuel haciéndole
proposiciones comerciales.

—Se trata, por el momento, de que Ud. denuncie como aurífe-
10 ros[8] unos terrenos que le indicaré oportunamente.

—¿Un negocio aurífero? . . . —dijo Julián con desconfianza.

Goldenberg se llevó el puro a la boca como para disimular una
sonrisa.

—No se alarme. El oro vendrá después. En el fondo todos los
15 negocios son auríferos; siempre el objeto final es sacar oro. Pero yo
prefiero —y creo que Ud. también será de mi opinión— extraerlo
en forma de moneda. La operación es más sencilla y se evita el
trabajo de lavado, de dragaje, etc.

—¡Es claro! —pensaba para sus adentros Julián Pardo—.[9] ¡Un
20 bolsillo es menos profundo que una mina!

Recibía las palabras de Samuel con un enorme escepticismo.
Muchas veces en el curso de su vida asendereada, al leer en los
periódicos los éxitos de su amigo condiscípulo había meditado
acerbamente sobre las equivalencias de las moscas y de los helados.
25 ¡Qué gracia! ¡Un hombre así tenía que triunfar!

Él, en cambio, irresoluto y neurasténico, era un perfecto
fracasado.

Esa oficina estrecha y húmeda, con la negra farsa de la caja
de "fondos" —¡qué ironía!— y el calendario —¡otra inutilidad!—
30 ¡era para él una prisión!

¿Cómo tener el desparpajo, la insolencia con que Goldenberg
le hablaba de un negocio aurífero advirtiéndole que "en este caso,
sin embargo, no basaba en el oro su negocio"?

---

[7]**haciendo . . . vasos**   balancing with a large tray full of cups and glasses
[8]**denuncie . . . auríferos**   declare as gold-bearing
[9]**pensaba . . . Pardo**   Julián Pardo thought to himself.

—¿Cómo? —preguntó Julián con extrañeza.   1
Goldenberg pareció perderse en una inmensa bocanada de
humo azul. Al salir de ella sus ojos tenían algo de mefistofélico.
—Mire, Pardo: Ud. va a ganar en esto una buena comisión;
fácilmente habría podido encomendar este asunto a cualquiera otra   5
persona; pero he pensado en usted. Su situación . . . ¿cómo le diré?
—Difícil —anotó Pardo con franqueza.
—En fin . . . , los viejos recuerdos del colegio, y sobre todo,
el saber que trato con un caballero. Le he dado a Ud. una prueba
de confianza al encargarle que haga el pedimento.[10] Creo que pode- 10
mos hablar con franqueza . . . , ¿verdad?
Julián hizo un signo afirmativo.
—Bien —dijo Goldenberg—, el asunto es más sencillo de lo
que parece. Lo único que requiere es discreción.
—Pero ¿hay oro realmente?   15
—¡Hombre! Hay informes, que es lo más que puede pedírsele
a una mina . . . , y para Ud. habrá plata en todo caso. En cuanto
a mí, soy todavía más modesto: me contento con que haya arena
simplemente.
—No comprendo.   20
—Ni hace falta.[11] Cuando vea la ubicación del yacimiento[12]
verá más claro el negocio. Es decir, "nuestro negocio", porque Ud.
tendrá también sus acciones liberadas[13] . . .
Goldenberg se incorporó pesadamente en la silla y, resoplando
con el habano entre los dientes,[14] la acercó hasta el escritorio. Tomó 25
un diario, y con su enorme lapicera de oro comenzó a trazar un
plano.
—Mire Ud. Éste es el río: aquí está el yacimiento; la ciudad
queda a este lado. No hay otro punto de donde sacar arena. O me
compran lo que yo quiera venderles o no edifican. ¿Ve ahora el 30
negocio?

---

[10]**al . . . pedimento**   when I put you in charge of the claim
[11]**Ni hace falta.**   Nor do you have to.
[12]**ubicación . . . yacimiento**   location of the mine
[13]**acciones liberadas**   negotiable shares
[14]**resoplando . . . dientes**   puffing with the cigar between his teeth

1   —Muy bien; pero ¿qué le importa entonces que las arenas sean
o no auríferas? ¿para qué sirve el oro?
       Goldenberg se restregaba las manos encantado.
       —¿Ve Ud. cómo ahora también pregunta "para qué le sirve
5 el oro"? Pues, hombre, para justificar la concesión. Además, es el
brillo, el espejuelo que atrae el capital de esas alondras que llama-
mos accionistas . . .
       —Este cínico —se decía Julián con buen humor— no carece
de cierto espíritu poético. Llama alondras a sus víctimas . . . —Y
10 lo miraba con involuntaria complacencia, mientras Goldenberg,
entre chupada y chupada,[15] seguía la relación de su proyecto.
       —Sí, mi amigo; Ud. tiene la merced y la vende acto continuo
en diez mil libras esterlinas a un caballero amigo mío; éste la vende
en veinte mil libras a la comunidad que tengo yo con el señor
15 Bastías, se constituye la Sociedad Aurífera "El Tesoro"; los accionistas caen como moscas y nos compran nuestros derechos en
cuarenta mil libras. Para mostrar confianza en el negocio recibimos
al contado[16] solamente la mitad, el resto en acciones. ¿No le
agrada?
20   Julián inclinó un momento la cabeza y se pasó la mano por
la frente, las sienes y los pómulos en actitud de palparse el esqueleto.[17] La obsesión de su mujer, de su chiquillo, de su hogar en
la miseria, ardía en su cerebro, frágil, inflado y oscilante como un
farol chinesco, y se cubría la frente con la mano para no trans-
25 parentarse; pero la mirada clara y firme de Goldenberg se filtraba
por entre sus dedos en tanto que insistía en su pregunta:
       —¿No le agrada?
       —Yo le agradezco mucho —dijo Pardo— pero . . .
       —No hay pero que valga.[18]
30   —Es que —observó tímidamente—, yo no conozco estos

---

[15]**entre . . . chupada**   between draws [on the cigar]
[16]**al contado**   in cash
[17]**en actitud . . . esqueleto**   as if he were feeling his bones. (Note: The author's harsh
description is purposely designed to show Julián's anxiety.)
[18]**No . . . valga.**   There are no *ifs, ands* or *buts* about it.

asuntos, nunca me he metido en negocios mineros y el distinto 1
género de mis ocupaciones me hace mirar con prevención, con
inquietud.

—¡No sea niño! ¿Ud. teme las especulaciones? Pues no especula, simplemente. Se guarda las acciones en la Caja como va a 5
hacerlo Bastías. Ud. no tiene nada que temer. Su situación es
perfectamente clara. Denuncia Ud. un yacimiento como aurífero
y lo vende a un señor mayor de edad que se interesa por comprár-
selo; recibe Ud. su comisión y queda desligado. Que haya o no haya
oro es lo de menos. Si no lo hay quiere decir que Ud. se ha 10
equivocado . . . como uno de tantos. ¿Le van a hacer cargos por
eso?

Julián se revolvía en el sillón. De pronto le asaltó una idea
luminosa. La disculpa decisiva, la disculpa incontestable. Se puso
de pie como para terminar y respondió: 15

—Imposible . . . , necesitaría en todo caso consultarme con mi
socio . . .

Goldenberg soltó una carcajada.

—No, mi amigo. Yo estoy demasiado viejo para el cuento del
socio. Ése es un mito como "la indisposición de última hora" en 20
las invitaciones a comer, y el "compromiso anterior" en los
empleos.

"Yo no he tolerado nunca a un gerente que se escude con
consultas al Consejo ni a un amigo con preguntas a su socio. Esos
fantasmas que se llaman los Consejos y los socios no han con- 25
seguido asustarme todavía".

Julián Pardo se paseaba como un león enjaulado. La mentira
descubierta le ruborizaba. ¿Con qué fundamento ese individuo se
permitía dudar de su palabra? ¿Por qué él carecía de derecho a
tener socio? ¿Por qué no podía dar una disculpa que todos daban 30
en su caso? No; él no estaba dispuesto a desdecirse[19] e insistió:

—Usted no puede poner en duda mi franqueza. ¿Qué podría
llevarme a rehuir una buena comisión? Si no le acepto de inmediato, es porque efectivamente tengo un socio . . . un socio a

---

[19]**dispuesto . . . desdecirse**   ready to contradict himself

1 quien debo mucho . . . Él, en realidad, es el dueño de esta oficina
y no puedo hacer nada sin su consentimiento.

Goldenberg se había levantado penosamente de su asiento y
con su bastón de gran mango de marfil y sus manos gordinflonas,[20]
5 llenas de anillos, se dirigió a Julián:

—Bueno, mi amigo, piense el negocio . . . , quiero decir,
consúltelo con su socio . . . , y verá Ud. cómo nos entendemos.
Y se despidió.

Julián, con el rostro congestionado de rabia y de vergüenza —
10 en el tono de Samuel percibía claramente que no le daba el menor
crédito—, se sentó frente a la máquina.

—¡Ahora verá si tengo o no tengo socio! ¿Cómo le trataré?
¿Apreciado Samuel? ¿Muy señor mío? Sí . . . , es más comercial.

Y comenzó una larga carta. Al escribir sentía renacer la con-
15 fianza en sí mismo. Los tipos dactilográficos, criados en un ambiente comercial, son claros y precisos. No dudan, no vacilan;
saben disimular las emociones.

La máquina "Underwood" no se ruborizaba con la misma
facilidad que Julián Pardo.

20 # Capítulo 3

Ni un giro postal, ni una carta, ni una esperanza.

Julián, rendido de cansancio,[1] se detuvo en la puerta del
correo. No quería llegar así a su casa. Pensó en el cobrador de gas,
en su mujer, en el chico pálido y enclenque —retrato de su padre
25 — que extendía las manitas reclamándole el "libro de monos"[2]

---

[20]**gordinflonas**   chubby

*****

[1]**rendido de cansancio**   exhausted
[2]**"libro de monos"**   comic book

prometido. ¡Sí, estaba para comprar libros de cuentos! ¡Con razón 1
Goldenberg se permitía hacerle proposiciones de esa especie!
La gente entraba y salía precipitadamente, rozándole al pasar.
Sin embargo, ¡qué solo se sentía! No tenía nadie que le tomara en
cuenta, que le prestara ayuda . . . ¡Nadie! Ni un socio ficticio que 5
le sirviera para excusarse de aceptar un negocio inadmisible. Su
misma carta a Goldenberg, convenciéndole de la existencia de ese
socio mitológico, era una nueva ingenuidad. Samuel se reiría a
carcajadas. "¡Poeta! ¡Poeta!", exclamaría. Goldenberg es enemigo
de las palabras soeces,[3] ¿para qué? Las suple con el calificativo de 10
"poeta". Sin embargo, ¡qué lejos estaban los tiempos en que Julián
había escrito sus "Flores de espino" y sus "Saudades"![4]

Entre el ruido de los tranvías y de las bocinas de los automóviles la campanita de una iglesia llegaba hasta sus oídos, vaga y
tierna como un recuerdo de su niñez. 15

Las notas tímidas del Angelus,[5] henchidas de paz aldeana y de
crepúsculo, se perdían en el negro ajetreo de la calle. Ambiente
impuro de ciudad, focos parpadeantes, hombres minúsculos
agobiados de preocupaciones, mujeres pintarrajeadas que sonríen
provocativamente . . . de hambre, autobuses, tranvías, coches, 20
automóviles —gigantesca fauna de ojos luminosos, de cuyo pecho
jadeante surge una "jazz-band" de ruidos estridentes, campanillas,
graznar de pájaros salvajes, explosiones, roncos "klaxons" y chi-
llidos de cerdo agonizante.

Sólo el cielo color malva evocaba a Julián la suave melancolía 25
del crepúsculo.

—¡Sinvergüenza! ¡Mirando a las chiquillas!

—¿Yo?

Las manos de Luis Alvear se posaron en sus hombros.

—¡Lucho! 30

---

[3] **palabras soeces**   crude words
[4] **"Saudades"**   nostalgic songs
[5] **Angelus**   In Catholic countries the prayer of the Angelus is recited three times
daily: at six o'clock in the morning, at twelve noon and at six o'clock in the evening.
The church bell marks the hour of prayer.

1   —Sí, Julián, el propio Lucho, el auténtico, con polainas[6] y sin
un centavo en el bolsillo.
Hacía seis meses que no se veían. ¡Qué diablo! ¡Las mujeres!
Un maldito lío con la señora de un banquero que le debía la
5 felicidad, la dicha de su hogar, antes sin hijos y ahora iluminado
por el chico gordo y robusto con toda esa imprevisión y esa alegría
de vivir que es la característica de los Alvear.
—Pero ¿eso habrá terminado?
—¡Qué! ¡Imposible! Ahora la aspiración del padre es una
10 niñita y . . . ¡no puedo zafarme del enredo![7] ¿Quién me responde
de que mi sucesor se me parezca? El chiquillo es igual a mí . . .
¡Como salga otro distinto me descubren!
—¡Cínico!
—¡Benefactor, querrás decir! No te imaginas la alegría de ese
15 padre. Se acabó la neurastenia de la esposa y el hogar es un encanto;
el matrimonio ha ganado un hijo, el marido un amigo y el amigo
un banquero. Todos hemos ganado algo.
—¿Y es bonita? —preguntó Julián con aire distraído.
—¡Tanto como bonita . . . ! Tú sabes que en estos casos los
20 hombres nos enamoramos, no por la cara de la mujer, sino por la
del marido. Mi amigo tiene un aspecto de infeliz, que hace a su
esposa locamente tentadora.
—Pero ¿cómo te has metido en ese enredo?
—¡Hombre! cuando se está pobre no queda más remedio que
25 dedicarse a la aristocracia . . . o a la burguesía . . . Y, a propósito,
¿sabes quién me habló de ti?
—¿Quién?
—Anita Velasco, la mujer de Goldenberg. Yo le presté tu libro
de poesías. Tiene la chifladura literaria.[8] Te encuentra parecido a
30 Amado Nervo[9] . . .
—¡Diablo!

---

[6]**polainas**   spats
[7]**zafarme del enredo**   free myself from the entanglement
[8]**Tiene . . . literaria.**   She is mad about literature.
[9]**Amado Nervo**   Amado Nervo is a famous Mexican Modernist poet.

—No te enorgullezcas. Es sólo en el físico.   1

—No me conoce.

—¡Bah! Me dijo que te había visto ayer tan absorto en la contemplación de un caballo muerto, que no había resistido a hacerte una broma.   5

Julián recordó el caso de la muchacha de ojos verdes que lo había tratado de veterinario . . ., ¡qué absurdo era todo aquello!, y contó a Alvear la visita que Goldenberg le hiciera.[10]

—Te lo ha enviado ella, ¡no me cabe duda!

Y al explicarle el negocio y la proposición: 10

—¡Caramba! Pero te habrás dado algún plazo para contestarle.

—¿Plazo? Acabo de depositar en el buzón una carta rechazando de plano[11] sus ofrecimientos.

—¡Animal! ¡La mujer es tan simpática! . . .   15

Julián se alzó de hombros[12] con indiferencia. Bien podían irse al diablo todas las hermosuras de la tierra. No tenía qué comer. Todo el día había trotado en busca de dinero. ¡Mil pesos, una porquería![13]

Luis Alvear le abrazó con entusiasmo.   20

—¡Chico, qué felicidad! Eres el hombre que yo necesitaba.

Medio ahogado entre los brazos hercúleos de su amigo, Julián se preguntaba ¿cómo y para qué podría servirle a un individuo sin dinero?

—¡Para un negocio, hombre!, para un negocio de los míos   25
. . . Yo necesito otros mil pesos. Con dos firmas tenemos una letra. Yo me encargo del descuento. ¡Para algo tengo un gerente de Banco en la familia!

Y arrastró a Pardo a una cantina próxima para celebrar por anticipado la riqueza en perspectiva.   30

---

[10]**hiciera**   = había hecho
[11]**rechazando de plano**   flatly rejecting
[12]**se alzó de hombros**   shrugged his shoulders
[13]**una porquería**   a trifle

Capitulo 4

Hacía rato que Goldenberg, tapizado en una absurda bata china, trabajaba en su escritorio, cuando en los altos comenzó a sonar el timbre eléctrico.

Era un toque largo, nervioso, desesperado, como la sirena de un barco perdido entre la bruma.

Goldenberg se rascó la nuca con impaciencia.

—¡Ya comenzó la campanilla!

Se tranquilizó al oír los pasos de la vieja empleada que subía pesadamente la escalera.

—¿Me llamaba, misiá Anita?

—Sí, hija; sí. Dile a la Pastoriza que hasta cuándo me machaca la cabeza con su estatuita de la Virgen. ¡Ya me tiene loca!

En el patio lleno de sol, una muchacha, morena y fresca como un cántaro de greda, regaba unos helechos, cantando a voz en cuello:

Cuando a solas quedo a veces en mi alcoba
Le pregunto a mi estatuita de la Virgen:
¿Qué he hecho yo para que así tan mal me trates . . . ?

—¡Pastoriza! Dice la señora que te calles.

La muchacha cortó en seco su canción,[1] refunfuñando:

—Ni cantar se puede en esta casa. ¡Dame paciencia, Señor!

Y continuó regando los maceteros que rodeaban la pila.

Cinco minutos después, en el balcón apareció de nuevo la vieja criada:

—¡Pastoriza! Dice la señora que cantes no más, si quieres.

—¿Cómo?

—Que cantes si tienes ganas . . .

La muchacha se alzó de hombros:

—¡Bah! ¿Nada más se le ofrecía?

Y se puso a restregar los azulejos de la pila.

*   *   *

---

[1]**cortó . . . canción**   cut short her song

Estampada por la luz verdosa que filtraban las persianas del 1
"boudoir", Anita Velasco se desperezaba con displicencia en los
cojines de encaje del diván.[2]

Acababa de bañarse, y en ese ambiente tibio e indeciso en que
las cretonas de los muros semejan floraciones submarinas, la inmer- 5
sión parecía prolongarse.

Estaba disgustada, sin embargo.

Le molestaba haber interrumpido por capricho de sus nervios
el canto de la muchacha en el jardín. ¿Qué culpa tenía la otra de
su cansancio de vivir? Acaso la infeliz tenía un novio . . .   10

Todas las mujeres tienen un amor . . . ¿Todas?

Sus labios se contrajeron en una mueca de amargura.

¡Casi todas! lo sabía ella bien por experiencia . . . y, sin embargo, ¿no era joven y bonita?

Se abrió la bata, y su mirada, como un viajero fatigado, vagó 15
a lo largo de su cuerpo juvenil.

La noche antes había leído en un libro . . . ¿de Loti?, ¿de
Benoit? —no recordaba— una descripción monótona e interminable del Sahara, y no sabía bien por qué su cuerpo blanco y rosa,
de suaves ondulaciones que iban a perderse entre las nubes de 20
encaje y seda de la bata, le evocaba el desierto desolador. Suaves
colinas, blandas dunas, estériles planicies. Una atmósfera de hastío,
pesada y caliginosa, que oprime el pecho . . . Ni una flor, ni un trino
que alegren la monotonía del viaje . . .

¡Un desierto! Eso era ella.   25

Luego los años pasarían rápidos y asoladores como el simún[3]
e irían desgastando la ondulante sinuosidad del panorama, hasta
dejarlo reducido a una llanura monótona y desesperante.

¡Ni un beduino se atrevería a aventurarse en esos arenales![4]
Suspiró.   30

¡Qué disparate! Su piel suave, fresca y tersa no tenía nada de

---

[2]**Anita . . . diván**   a disgusted Anita Velasco was stretching out on the lace pillows
of the sofa
[3]**simún**   simoon [hot, dry, violent wind]
[4]**¡Ni . . . arenales!**   Not even a desert inhabitant would dare wander onto those
sands. (In this metaphor Anita is indicating that when she has lost her youthful
figure she will be unable to attract a man.)

1 arenoso como no fuera esos polvos de talco boratado con que acaba
de darse el último retoque.

Y era bonita, no cabía duda; pero con la belleza inútil de las
perlas que no verán jamás el sol, perdidas entre los peces ciegos,
5 en el fondo inexplorado del océano.

—¡Qué tontos son los hombres! —murmuró, e involuntariamente pensó en su marido, obeso y calvo, entre un fárrago de
papeles, absorto por completo en sus cálculos, en sus números, en
sus proyectos.

10   *   *   *

Allá, en el escritorio, estaba efectivamente Goldenberg, imponiéndose de la correspondencia.[5]

Al leer la carta de Julián Pardo, "Muy señor mío: He consultado con mi socio . . .", no pudo reprimir un gesto de disgusto.
15 —¿Sigue con el socio?

Claro es que seguía. El socio no aceptaba en modo alguno que
Pardo entrara en la negociación, y hasta se permitía hacer reparos
al negocio mismo.[6] Los yacimientos estaban demasiado cerca. Una
pertenencia situada al lado mismo de Santiago, a la vista de todos,
20 sin el factor de dudas y misterios que aporta la distancia, no se
prestaba para le especulación. La sociedad anónima no tendría por
lo tanto base alguna.

"Mi socio se permite, además, hacer presente a Ud. que el río
tiene dos márgenes, y que a cincuenta metros de distancia —en el
25 caso problemático de que la sociedad se organizara—, el riberano
opuesto podrá ofrecer también arena aurífera por la mitad de su
valor, abatiendo súbitamente las acciones".

Este tono protector, que comenzaba ya a sacar de tino[7] a
Goldenberg, se acentuaba en los párrafos finales.

---

[5]**imponiéndose . . . correspondencia**   going through his mail
[6]**hasta . . . mismo**   he was even taking the liberty of finding fault with the business
deal itself
[7]**sacar de tino**   to unnerve

"Además, dice mi socio que, aun prescindiendo del oro para 1
basar el cálculo de entradas en la simple venta de la arena, el
negocio le resulta igualmente problemático. A este respecto, se
permite hacer notar que el riberano opuesto es senador, y podrá el
día que quiera, conseguir que el Estado construya ahí un puente 5
que le permita abastecer ampliamente de arena la ciudad".

Goldenberg arrojó la carta al cesto.

—¡Qué tontería! Eso pasa por seguir la opinión de las mujeres!
¡Un iluso! ¡Y Anita que lo pintaba como un hombre de talento!

Y comenzó a pasearse por la habitación. 10

De pronto se detuvo lleno de perplejidad.

—Sí . . . cierto . . . Podría ser . . . pero . . .

Cambió súbitamente de expresión.

Casi corriendo se dirigió al canasto de papeles, y resoplando,
sacó la carta de Julián. Estaba como alelado. 15

—¡Vamos! ¡El estúpido soy yo! —dijo por fin.

Volvió a pasearse lleno de alegría.

—¡Esta carta es un tesoro! Desde luego . . . cinco mil acciones
menos a Bastías, en vista de los riesgos que ella anuncia. ¡Qué gran
hombre es este Pardo! Con su habitual ingenuidad me ha des- 20
cubierto ya todo su juego. A estas horas se habrá ido a hablar con
el "riberano opuesto", como él dice, para echarme por tierra las
acciones. Pues que lo haga. ¡Miel sobre hojuelas![8] Los negocios son
lo mismo para arriba o para abajo . . . Tengo veinte mil acciones;
vendo el doble; ellos ofrecen su terreno a huevo[9] y provocan la 25
caída del papel; yo recupero a vil precio lo vendido y quedo dueño
del negocio. Este Pardo es infalible. ¡No hay que perder el contacto
con este hombre!

La voz cristalina y arrulladora de su mujer vino a cortar sus
reflexiones: 30

—¿Se puede?

—Entra, hija . . . Entra . . .

---

[8] **¡Miel . . . hojuelas!**   Nothing could be better!
[9] **ellos . . . huevo**   they are offering their land for a song

1   Corrió hacia él y le estrechó en un abrazo exageradamente
amable. Luego, arrugando el ceño con un mohín entre celoso y
coqueto,[10] le revolvió todas las cartas.
    —¡Cuidado! No vaya a haber alguna de mujer! A ver . . . ¿Y
5 ésa que tienes en la mano?
    —Es de Julián.
    —¿Te resultó el negocio?
    —No.
    —¡Qué lástima! Pero él ¿qué te pareció?
10   —¿El? ¡Julián Pardo es un gran hombre! Le invitaré a comer
esta semana.
    Ella cambió inmediatamente de actitud.
    —¿Sabes? Creo que no va a interesarme . . . y cuando un
hombre no me cae en gracia[11] . . .
15   —¡Cuidado! Debes ser amable: Julián es un muchacho insustituible.

Capitulo 5

    Nada más natural para un hombre serio, como debe serlo un
corredor en propiedades, que despertar en su casa y en su cama.
20   Sin embargo, esa mañana al despertar en la suya, Julián abrió
los ojos con espanto.
    Era su alcoba; sí, no cabía duda; pero ¿cómo podía estar allí?
    Realmente era inexplicable. A juzgar por el rayo de sol que,
filtrándose a través de los postigos, iba como un florete a herir en
25 pleno pecho el retrato de su padre,[1] debían ser las diez de la

---

[10]**arrugando . . . coqueto**   frowning in a half-jealous, half-flirtatious pout
[11]**cuando . . . gracia**   when a man is not pleasing to me
                              *****
[1]**A juzgar . . . padre**   Judging by the ray of sun that, filtering through the shutters,
darted like a fencing foil and wounded the portrait of his father full in the chest

mañana. Luego no hacía seis horas que él se hallaba . . . Bueno 1
. . . , pero ¿dónde se hallaba?

¿Dónde? ¿Dónde? El mismo no lo sabía. Se recordaba de un
parrón, de unas mujeres gordas y pintadas, de una ponchera, de
una pila . . . De la pila se recordaba bien. Luis Alvear le sujetaba 5
la cabeza, balanceándose él mismo como un péndulo:

—¡Es e . . . e . . . el estoma . . . eel estómago . . . ¡Esto te
aliviará! . . .

¡Qué horribles náuseas! Con razón le dolía, ahora, tanto la
cabeza. Pero ni Lucho, ni don Fortunato, ni ese barbilampiño que 10
se incorporó al movimiento a última hora, ni el matón que provocó
en el patio a Alvear, podían haberle trasladado allí. Estaban todos
más borracho que él . . . ¿Quién lo había llevado a su casa? ¿Cómo
había llegado? ¿A gatas?[2] ¿Cómo?

Se acordaba vagamente de que, abrazado a uno de los almoha- 15
dones del sofá, mientras una vieja flaca le amarraba una toalla a
la cabeza, él pensaba y se lo decía bajito, casi llorando, al cojín de
seda verde forrado en punto de bolillo.

—Yo estoy muy borracho . . . ¿me entiendes? . . . muy borra-
cho . . . No . . . podré llegar . . . a mi casa . . . No sé . . . el número 20
. . . ¿me entiendes? . . . Voy a dormir . . . aquí . . . No llegaré a
mi casa . . . ¡Chist! Estoy de viaje . . . ¿entiendes? . . . ¡No vayas
a decir nada a mi mujer! . . . Estoy de viaje . . .

¡Y ahora en su propia cama . . . ! Al recuerdo de su mujer, se
incorporó lleno de espanto.[3] ¡En qué estado había llegado! ¿Estaría 25
ella durmiendo? ¿Le habría visto? ¿Qué iría a decirle ahora? Sin
embargo, su ropa estaba en orden; no sólo en orden; arreglada
minuciosamente en una silla . . . ¿y los zapatos?

¡Qué horror! Sintió que la sangre se le helaba. Las botas de
cabritilla estaban allí, al lado del lecho, llenas de polvo, cier- 30
tamente, pero . . . ¡Totalmente abrochadas!

¿Se las había quitado sin desabotonarlas? ¡Imposible! ¿Las
había abrochado después? Pero . . . ¡era absurdo!

---

[2]**¿A gatas?**   On all fours?
[3]**se incorporó . . . espanto**   he sat up full of fear

1   Se dejó caer en la cama anonadado.⁴
    En ese momento entraba su mujer . . . Julián, fingiéndose
    dormido, la observaba con un ojo entreabierto. Serena, dulce, en
    sus grandes ojos negros no revelaba la más leve inquietud. ¿Ig-
5   noraba el estado en que llegara?
    Abrió la cómoda, sacó un paquete de ropa; dio algunas vueltas
    por la habitación.
    ¿Le hablaría? Julián se decidió.
    —¿No me das los buenos días?
10 —Creí que estabas durmiendo.
    —Amodorrado solamente, anoche llegué muy tarde . . .
    —¿Sí?
    No manifestaba disgusto ni extrañeza. En su boca, de labios
    finos y bien dibujados, parecía vagar una sonrisa.
15 ¡Diablos! Era un tormento verla allí. Cuando salió, Julián
    respiró a sus anchas.
    De nuevo los recuerdos le asediaron. Por primera vez en su
    existencia había un vacío de tres horas; más, cinco horas por lo
    menos . . . La última vez que vio el reloj eran las tres de la mañana.
20 Estaban bailando en un salón larguísimo, con espejos de un gusto
    detestable y unas oleografías horrorosas . . . "Romeo y Julieta" y
    un retrato de Balmaceda hecho al carbón, con la banda a tres
    colores.
    Él estaba junto al piano, con la mirada fija en el ojo tuerto de
25 la tocadora.⁵ Parecía un ópalo . . . Por mirar ese ojo, no atendía
    a las parejas, ni a las mujeres enfiladas en el viejo sofá . . . ni siquiera
    a don Fortunato, que, de rodillas en el suelo, como un inmenso
    sapo, tamboreaba furiosamente en la guitarra:

    No tienen en Circasia, ni la menor idea
30 *De todos los encantos de tu divino ser . . .*

    Menos mal que siquiera ahora don Fortunato no le hablaba
    de negocios.

---

⁴**Se . . . anonadado.**   He let himself fall on the bed overwhelmed.
⁵**con . . . tocadora**   with his gaze fixed upon the sightless eye of the one-eyed piano
player

Horas antes, en el bar, estaba realmente pesado con su in- 1
cesante pregunta sobre "el señor socio de Ud., que se resiste a
tomar parte en el negocio".

Desde que, para desventura de Julián, Lucho Alvear se lo
presentara donde Gage, con un conciso preámbulo: "Don For- 5
tunato Bastías, que está loco por conocerte", no había cesado de
pedir copas y copas, hablándole de Goldenberg, de la sociedad
aurífera, del daño inmenso que "el señor socio de Ud." iba a
hacerle con su carta.

—Háblele Ud., don Julián: Dígale que el negocio es bueno, 10
que va a ganar plata a montones . . .

—Lo haré, señor, pero es inútil.

—¡Mozo, tráiganos más whisky! ¡Y para mí repita el pisco![6]
. . . ¿Es un hombre muy porfiado?

—Porfiado, no; pero tiene sus ideas . . .   15

—Original, como buen gringo . . .

¿De dónde había sacado don Fortunato que el supuesto
socio era inglés? Julián no lo sabía. En su carta a Goldenberg, de
la cual Bastías tanto le hablaba, él se había contentado con lla-
marlo "mi socio", simplemente. Y he aquí, que el socio, a im- 20
pulso de unos cuantos vasos, se había vuelto inglés y hasta con
ideas propias.

¡Y qué asedio el de Bastías! Julián no se atrevía ya a con-
tradecirlo y, lanzado en el torrente de whisky y de preguntas
indiscretas, hablaba del supuesto socio como si fuera realmente una 25
persona.

—Es un hombre un poco excéntrico. Detesta los negocios
auríferos . . . Prefiere los de carbón . . . ¡Tiene un gran criterio
práctico!

—Preséntemelo, don Julián. Tenga seguridad: yo lo convenzo. 30

—No está aquí; se fue a Bolivia —decía Julián, acorralado,
queriendo terminar la discusión.

—¡Mozo! Estas copas están tomando gusto a vidrio . . . ¿Está
en Bolivia? No importa. Déme la dirección para escribirle.

[6]**pisco**   grape brandy

1   —No la tengo todavía . . . Hasta que llegue a La Paz.
         —En La Paz se conoce todo el mundo . . .
         Y con una libreta de apuntes en la mano y el lápiz listo para
    anotar agregaba:
5   —Dígame el nombre de su señor socio.
         Julián se recordaba de esa pregunta que lo sumergió en las más
    graves inquietudes:
         "—Dígame el nombre de su señor socio."
         ¡Qué pregunta más absurda! En su vida se le había pasado por
10   la mente poner un nombre a un socio semejante, a un socio que se
    da como disculpa, a una invención, a "un mito", según la expresión
    de Goldenberg . . . ¡Y ahora, de buenas a primera, se veía en la
    precisión de bautizarlo![7]
         ¿Qué nombre? ¿Cómo se llamaba? Sí; Julián estaba cierto de
15   haberle inventado alguno . . . pero ¿cuál?
         Se horrorizó de pensar que ese mismo día tal vez Goldenberg
    volvería a su oficina y le preguntaría cualquier cosa referente al
    socio. Y él no podría ni aun saber su nombre. Lo iban a descubrir
    en la mentira. ¡Iba a quedar en ridículo!
20   Se apretaba la cabeza entre las manos. ¿Cómo se llamaba ese
    maldito socio?
         De pronto un rayo de luz se abrió paso en su cerebro.
         —¡Eureka! ¡El nombre lo he apuntado anoche! Estoy seguro.
         Ahora lo recordaba bien nítidamente. En una salida de don
25   Fortunato,[8] él había cogido una servilleta de papel y había escrito
    muchas veces el famoso nombre para que no se le olvidara.
         Se levantó de un salto de la cama y buscó nerviosamente en
    los bolsillos de la ropa.
         ¡Oh, felicidad! ¡En uno de ellos estaba la servilleta de papel!
30   Walter Davis . . . Walter Davis . . . Walter Davis . . . Walter
    Davis . . .
         El nombre estaba escrito en todas direcciones. Algunas veces

---

[7]¡Y . . . bautizarlo!   And now, suddenly, he found himself in the predicament of
having to name him!
[8]En . . . Fortunato   At a remark made by don Fortunato

con trazos imprecisos; otras, las últimas, de corrido . . . hasta con 1
rúbrica[9] . . .

¡Una verdadera firma!

¡Walter Davis! Julián inclinó la cabeza en las almohadas, res-
pirando hondo y tranquilo, como si despertara de una pesadilla. 5
¡Ah!, por primera vez era él como todos los demás . . . ; podía decir
"tengo un socio", y nadie lo contradecía.[10] No sólo eso: había quien
creyera en su existencia . . . Y el socio tenía un nombre y era inglés,
original y de sentido práctico . . . y viajaba en esos momentos a
Bolivia. 10

La voz de su mujer vino a turbar su legítima alegría.

—Julián . . . ¿y estos pantalones?

—¿Qué?

—Tus pantalones . . . ¡Mira! ¿Sabes dónde los he hallado? En
el cajón del medidor de gas . . . ¡Lindo ropero! ¿No es una ver- 15
güenza?

Julián la miró lleno de estupor.

¿Disculparse? ¿Decir de plano la verdad? Pero era estúpida
una borrachera por causa de Bastías, un palurdo, capaz de dar los
peores tintes a una trasnochada.[11] Mil veces preferible era echar por 20
tabla[12] a Davis, el negocio en perspectiva, la esperanza de un
cambio de fortuna . . .

Y en él dejó caer la culpa.

—Comí anoche con Davis. ¿No te he hablado antes de Davis?
Un caballero inglés muy distinguido. Me ofreció entrar en sociedad 25
con él. Celebramos la instalación de la nueva oficina. Dos botellas
de champaña . . . una de whisky . . . ¡qué sé yo! No me atreví a
venirme en ese estado.

Ella se alzó de hombros, como si nada le importara, y con sus
ojos muy negros y muy tristes, miró los pantalones y los dejó junto 30
a la cama.

---

[9]**de corrido . . . rúbrica**   cursively . . . even with a flourish
[10]**contradecía**   See footnote 2, page 1. (Imperfect tense for conditional)
[11]**un palurdo . . . trasnochada**   a boor, capable of ruining a fine night out on the
town
[12]**echar por tabla**   to come clean (tell everything)

1

Capítulo 6

Sólo a los postres, Julián vino a sentirse bien en esa atmósfera
de lujo exagerado.

Todo, desde la enorme lámpara Luis XV, que parecía retor-
5 cerse con mimos de jamona, hasta Goldenberg, con sus botones de
camisa y sus gemelos de brillantes, rechoncho y coloradote, como
los mozos apostados detrás de cada comensal, exudaba ras-
tacuerismo en esa casa.[1]

Sólo Anita Velasco, con su melena a lo garzón,[2] y sus ojos
10 misteriosos y alargados, que parecían hacer juego con la marquesa
de esmeralda de su anillo, vestía sobriamente un traje blanco con
reminiscencias griegas.

Los demás invitados —¡Oh!, aquello era un arca de Noé—
formaban un conjunto pintoresco.

15 No es que faltaran hombres importantes: ese viejo de facciones
cetrinas y alargadas,[3] como trazadas por el Greco, era sin duda un
ministro de corte, un consejero de Estado, o algo parecido. Ese
petimetre[4] de largo cuello y que miraba con ojos de carnero[5] a la
señora exuberante y rubia que hablaba como un Baedecker[6] sobre
20 su último viaje por Europa, debía ser un bailarín empedernido. El
señor de barbas negras y tinte aceitunado[7] debía ser un di-
plomático.

Debía ser, porque Julián así lo creía simplemente. En realidad
no conocía a nadie, sino a Urioste, un corredor, amigo íntimo de
25 Goldenberg, que era el terror de la Bolsa de Comercio.[8]

---

[1]**Todo, desde . . . casa.** Everything in the house appeared to exude upward social
mobility, from the enormous Louis XV lamp that seemed to writhe delicately like
an old maid, to Goldenberg, with his fancy shirt buttons and diamond cufflinks,
who looked chubby and reddish like the waiters behind each guest.
[2]**con . . . garzón**   with her hair in a page-boy style
[3]**facciones cetrinas y alargadas**   long melancholy facial features
[4]**ese petimetre**   that dandy
[5]**ojos de carnero**   sheepish eyes
[6]**Baedecker**   a famous tourist guide
[7]**tinte aceitunado**   olive-complexioned
[8]**Bolsa de Comercio**   Stock Market

La presentación no había servido para nada.　　　　　1

—El señor . . . , un amigo . . . , la señora del señor . . .

En tratándose de presentaciones, Goldenberg olvidaba nombres y apellidos, así se tratara de su propio padre, y no salía de "el señor", "el amigo", "la señora del amigo", "el amigo de la señora".　5

Menos mal que su vecina parecía conocer a Julián íntimamente.

—Lucho me habla de Ud. con gran cariño. Él es un bohemio, ¿verdad?; pero ¡qué simpático! Me encanta esa manera alegre de mirar la vida.　　　　　10

"Ud. es más serio, ¿no es cierto? Y a propósito, ¿qué fue de ese amor romántico con aquella diplomática italiana . . . ?"

—¿Amores? ¡Qué locura! —decía hipócritamente Julián, mientras buscaba y resolvía en el desván de sus recuerdos[9] quién podía haber puesto a esa mujer al tanto de aquella vieja historia.　15

—¡No lo niegue! Conozco todos sus secretos. ¡Hasta la escena del sombrero verde!

Julián estaba realmente intrigado. Esa mujer con rostro de gitana, que él recordaba haber visto alguna vez, parecía conocer los detalles más íntimos de su vida.　　　　　20

Ella, en tanto, se reía a carcajadas.

Por fortuna para él, la voz grave del magistrado con cara de cuadro del Greco se imponía a la atención de todos los comensales, asegurando que "el orden público no puede coexistir con la revolución".　　　　　25

Y luego, subiendo más el tono:

—La absorción de todos los poderes en una sola mano, lleva sin duda, tarde o temprano, al despotismo. Es una ley histórica ineludible.

Él lo prefería, no obstante, a la revolución. Un gobierno fuerte,　30 un gobierno capaz de luchar en contra de "eso", ¿cómo lo diría para no ofender a las señoras . . . ? Pedía mil disculpas a la concurrencia por tener que referirse a una cosa tan grosera . . . , pero no había otra palabra . . .

[9]**desván . . . recuerdos**　storehouse of his memories

1   Reinaba verdadero estupor. ¿Qué iría a decir don Cipriano, un
hombre tan medido?

Él seguía buscando otro vocablo. De nueve solicitaba el perdón de los caballeros y en especial de las señoras para referirse a
5 algo tan sucio . . . , pero tenía que decirlo de una vez por todas:
"¡La democracia inmunda!"[10] Ésa era la ruina del país. Si no se la
dominaba, él —hombre de orden— vaticinaba días muy tristes
para la República.[11] Por desgracia, él los veía venir. Pronto, muy
pronto, habría un cambio de gobierno . . .

10   El corredor dio un salto en su silla.

—¿Cómo? Pero eso no sucederá antes de la mala . . .

Se ponía nervioso ante la idea de que aquellas siniestras pre-
dicciones pudieran realizarse antes del 18 de mayo. A contar desde
esa fecha . . . ¡lo que quisiera don Cipriano!

15   —Pero, ¿usted cree realmente en un cambio de régimen? —
preguntó Goldenberg con la boca llena.

—No sólo creo; lo veo venir.

—En todo caso, no hay que decirlo —observó Urioste—.
Puede producir un pánico . . . En la Bolsa no hay futuro. Los
20 efectos se descuentan de antemano en el mercado.[12] Lo grave no es
el hecho mismo, sino la creencia en su realización. La fe sigue
moviendo las montañas. ¿No lo piensa así, don Ramiro?

El aludido era un hombre moreno, de bigote cano y ojos
miopes y llorosos, que apenas se distinguían a través de los anteojos
25 gruesos como saleros.

—Sí . . . acaso . . . , evidentemente . . .

No consideraba propio de un gerente de Banco dar una opinión sobre cuestiones de carácter político . . . Un gerente debe estar
siempre con el gobierno, mejor dicho, con todos los gobiernos, con
30 el actual, con el que venga. De todos modos, creía, como el amigo
Urioste, que en este caso se imponía la prudencia.

La vecina de Julián no pudo contenerse:

---

[10]**democracia inmunda!**   Filthy democracy!
[11]**vaticinaba . . . República**   he was predicting very sad days for the Republic
[12]**Los efectos . . . mercado.**   The effects (of the political situation) are first felt in
the stock market.

—¿Ve Ud.? Ya está mi marido hablando de prudencia. En la
casa, en el Banco, a todas horas . . . ¡es para poner los nervios de
punta!

—Sin duda alguna, no hay que repetirlo —decía con voz
solemne el magistrado—; pero recuérdese Ud. bien de mis palabras: Antes de un mes tenemos una degollina general.[13]

—¡Por favor! —intervino Anita—. ¿Hasta cuándo van a hablar de atrocidades?

Y empezó a conversar de una adivina famosísima,[14] madame
Bachet . . . , ¿nadie había ido a consultarla?, que decía las cosas más
curiosas . . .

Sólo la señora rubia que estaba al lado de Goldenberg había
tenido el placer de verla. Y le había acertado en todo,[15] todo, como
si la hubiera criado: su viaje por Europa, la gripe que le dio en
Berlín, su intimidad con una condesa austríaca . . .

—¡Es una maravilla! —hacía coro Anita—. Ya ves cómo le
adivinó todo a Lucy, a pesar de que se la presentamos como soltera
. . . Claro es que dice cosas divertidas. A mí me aseguró que iba
a enamorarme de un hombre que no existía . . .

—¡Qué disparate!

—No se rían . . . sobre todo Ud., señor Urioste, porque mi
ideal enamorado —no te pongas celoso, Samuel— va a ser un
comerciante formidable; va a "hacer y deshacer muchas fortunas".

—¿Un especulador que no existe? ¡Ya lo creo que es temible!
—dijo Urioste riéndose.

—Y un enamorado que no existe, es más temible aún —
observó Julián—. Escapa a la vigilancia del marido y, sobre todo
. . . , mantiene la ilusión eternamente . . . ¿Nada más que eso le
predijo?

—¡Oh!, mucho más . . . , pero —añadió Anita con coquetería
— no puedo contarlo. Además, ese loco de Luis Alvear, que fue
conmigo, no la dejó seguir profetizando.

—¿Qué le dijo? —preguntó con interés la vecina de Julián.

---

[13]**degollina general**   general massacre
[14]**adivina famosísima**   very famous fortune-teller
[15]**Y . . . todo**   And she had guessed correctly everything about her

1   —Le pidió que le adivinara el logaritmo de 34.300. ¡Es
claro que no pudo contestarle! Pero ahora la adivina se ha
vengado . . .
    —¿Cómo? ¿Por qué? —preguntaron simultáneamente Julián
5 y su vecina.
    —Tú, Graciela, ¿no sabías? . . . Lucho[16] tuvo el viernes un
accidente en automóvil.
    Ella se puso muy pálida.
    —¿Algo grave?
10   —No; está con un ojo en tinta[17] solamente. Casi le hace gracia.
Parece una bofetada. No ha venido de puro presuntuoso.[18]
    Julián sintió la impresión de un ciego que recobra la vista de
repente. Ahora lo entendía todo. Su vecina, la mujer del banquero,
la que conocía sus historias juveniles . . . , era la amante de su amigo
15 Luis Alvear . . . ¿Qué no le habría contado ese indiscreto? ¿Y el
accidente automovilístico? ¡Qué accidente! Una bofetada vulgar
que le dio el tipo con aires de matón en la famosa borrachera de
don Fortunato.[19]
    Desde ese instante se engarzó en una conversación fácil y
20 alegre con Graciela.
    ¡Claro! Se recordaba de haberla visto con Anita esa mañana
en que le preguntó si era el dueño del caballo muerto.
    En el "hall", mientras bebían el café, se le acercó Goldenberg.
Estaba más amable y más antipático que nunca. Lamentaba que su
25 primer intento de negocios en común no hubiera resultado; pero
esperaba que serían buenos amigos y después . . . ya habría ocasión
de entrar en alguna otra combinación que fuera más del agrado del
señor Dawes . . . ¿no era ése el nombre?
    —Davis —corrigió Julián algo turbado.
30   —Sí . . . , sí . . . , Davis. Este Bastías tiene una pronunciación
de los demonios.

[16]**Lucho**   nickname for Luis Alvear
[17]**ojo en tinta**   a black eye
[18]**No ha venido . . . presuntuoso.**   He has not come out of sheer vanity.
[19]**Una bofetada . . . don Fortunato.**   A vulgar slap that the guy that looked like
a bully gave him in Don Fortunato's drunken party.

Anita se acercó en ese momento.   1

—¿Hablando de negocios . . . ? ¡Pero deja en paz al señor,
siquiera a la hora de la comida!

Goldenberg murmuró entre dientes algo que debía ser una
excusa y se apartó con la mansedumbre de un perro de San Ber- 5
nardo.

—No sabe cuánto me alegro de que haya venido. No sé por
qué temía que no fuera a llegar . . .

—¡Señora! . . .

—Dígame Anita, simplemente . . . ¿Qué habría tenido eso de 10
extraño? Usted es un poco retraído, ¿no es verdad?, y, además, yo
me decía: ¿qué agrado puede ofrecerle esta casa en que no conoce
a nadie? Se me juzga por mi marido, que es tan serio, va a imaginar
que soy un ogro . . . Confiese que ha sufrido una desilusión.

—Ya lo creo —decía Julián con buen humor—; la suponía 15
una señora gorda, adusta, respetable . . . , y no puedo conformarme.
He sufrido una atroz desilución; pero no de Ud. precisamente.
No creía que mi amigo hubiera cometido la imprudencia de
casarse con una niña tan bonita, y para colmo, aficionada a la
poesía . . .   20

—Pero ¿cómo lo sabe? —preguntó ella.

Julián tomó un aire misterioso. ¿Cómo? Bastaba ver sus ojos
y sus labios para comprender que era romántica, romántica "por
construcción", como se dice en geometría.

—¡Usted es peor que la adivina! —decía Anita, y, como defen- 25
diéndose, agregaba—: Me gustan mucho los versos; es verdad. Pero
no tengo nada de romántica, soy alegre, soy hasta un poco bohe-
mia. Usted en cambio, es poeta de veras.

> *También yo he levantado mi castillo en España*
> *sobre la fría y dura roca de un corazón.*   30

Era una poesía escrita por Julián cuando tenía dieciocho años.

—Me encantan esos versos —decía ella.

A él le producían, por el contrario, una vergüenza . . .

Anita protestaba. ¿Por qué avergonzarse de ellos cuando eran
tan bonitos?   35

1   ¡Oh! Todos los hombres son iguales. Creen que es debilidad
confesar sus sentimientos. ¡Lo único que vale algo en la vida
. . .! ¡Lo demás . . .!

     Sus ojos se pasearon tristemente por los viejos gobelinos,[20] los
5 pesados muebles, los cuadros y los bronces,[21] hasta quedar absortos
en la enorme chimenea de mármol negro, en cuyo fuego, próximo
a extinguirse, bailaba todavía una llamita loca y palpitante.

     Suspiró y su mano, como una paloma asustada, fue a posarse
sobre el pecho.[22]

10   —¿Está usted triste? —preguntó Julián con interés.

     —No, nada . . . Nerviosa solamente.

     ¡Qué importaba! Bien podía ella darse el lujo de suspirar al-
guna vez, como todas las mujeres, sin que eso preocupara a nadie.
Su marido estaba tan atareado en sus minas, negocios y especula-
15 ciones . . . Le daba gusto en todos sus caprichos; no tenía derecho
a quejarse; por el contrario, tenía razón sobrada para sentirse feliz,
muy feliz . . . sólo que a veces . . .

     El diplomático y su viajada esposa venían a despedirse. Un
deber de cortesía, que en ese instante le resultaba muy penoso, los
20 obligaba, según dijo, a retirarse para ir a recibir a un compatriota,
el general Urquiza, expresidente de la República, que llegaba esa
noche de Valparaíso.

     El ministro de corte se acercó también al diplomático:

     —No olvide, señor Cárabes, de presentar el testimonio de mi
25 más respetuosa consideración al ilustre proscrito, a quien tuve el
honor de conocer en Nicaragua. Su administración, desgraciadamente corta, fue un prototipo de gobierno fuerte. Dígale
Ud. que su viejo amigo conserva en sitio de honor el recuerdo
inolvidable . . .

30   ¡Qué posma! Julián se despidió para no oírle. Los ojos de Anita
estaban fijos en él.

                              *   *   *

---

[20]**viejos gobelinos**   old tapestries
[21]**bronces**   bronze ornaments
[22]**como . . . pecho**   like a frightened dove lighted on her chest

Durante largo rato, Julián creyó sentir a sus espaldas esa 1
mirada turbadora que parecía seguirle a la distancia con la muda
pertinacia con que un agente secreto camina tras un reo. No se
atrevía a volver la cabeza, de miedo a encontrarse con esos ojos
claros, refulgiendo como pupilas de pantera en la selva de la 5
noche.[23]

Sentía que esa mirada, por mucho que él se ocultara, tarde o
temprano lo alcanzaría.

Sólo al entrar en la muda callejuela, con sus árboles desnudos,
con sus pozas que le eran tan familiares, con sus casitas borrosas 10
e indolentes que se niegan a tomar su alineación en la acera,[24] Julián
comenzó a sentirse libre de la persecución de aquellos ojos. ¿Los
habría despistado entre las encrucijadas y los árboles?[25]

Había llovido. De los aleros, de las ramas, de los alambres de
teléfono, caían todavía gruesas gotas.   15

Encendió prolijamente el habano—gemelo del de Goldenberg
—que llevaba apagado entre los dientes; se alzó el cuello del sobretodo y suspiró con el descanso del que concluye una tarea.

¡Al fin y al cabo, todo había terminado bien, era una tontería
amargarse con preocupaciones pueriles! Presuntuoso y ridículo: ésa 20
era la verdad. La noche había sido buena, la tertulia agradable,
Anita encantadora, y Goldenberg . . . casi simpático.

La carta rechazando sus proposiciones fue harto insolente;
tenía de sobra motivo para estar molesto, si no con él, a lo menos
con Davis.   25

¿Con Davis? No pudo menos de sonreír al pensar que él
mismo, él, Julián Pardo, que estaba en el secreto, le llamaba Davis
como si fuera un viejo amigo.

¡Pobre Goldenberg! ¡Pobre don Fortunato, que a estas horas
se imaginaría a Davis flaco y anguloso como buen inglés, con una 30
pipa entre sus largos dientes, montado en una mula y seguido por

---

[23] **refulgiendo ... noche**   shining like the eyes of a panther in the jungle of the night
[24] **con ... acera**   with their run-down little houses that refuse to take their proper
place along the sidewalk
[25] **¿Los ... árboles?**   Could he have given them the slip between the crossroads
and the trees?

1 un quechua, paciente y trotador, rumiando coca,[26] con el "hold all"
a la espalda, en demanda de la altiplanicie boliviana!

The right man in the right place! Davis iba muy bien en esa
mula rodeado de indios y de llamas, mientras Julián Pardo, aquí
5 en Santiago, se aprovechaba del prestigio del inglés para sacar el
cuerpo a los negocios poco claros[27] . . .

—No hay como tener socio—se decía satisfecho—y un socio
que no existe, ¡es una maravilla! No hay desacuerdo, no hay mo-
lestias. Si conviene, opina; si no, guarda silencio . . . No existen
10 apremios ni precipitaciones. Con decir la frase consagrada:
"Necesito consultarme con mi socio", se cuenta, desde luego, con
un día de plazo para pensar en el asunto. Si se requiere más tiempo,
con decir que está ausente basta y sobra. ¿Se necesita dar una
respuesta rápida? ¡Pues se recibe un telegrama! ¿Se arrepiente uno
15 del negocio en el último momento? Contraorden telefónica o por
radio. ¡Es un ideal!

¡Ahí está ese Davis trotando hasta quién sabe cuando, por
Bolivia!

Sumido en sus disquisiciones, Julián avanzaba, con aire de
20 triunfo, haciendo resonar sus pisadas en la muda calleja.[28]

De cuando en cuando un rayo de luz partía en dos una ventana. A través de la rendija, alcanzaban a verse los pies de dos
catres de bronce. Un matrimonio saludable que dejaba abiertos los
postigos.

25 Más allá, en otra casita vieja que rebasaba de la línea de los
demás edificios,[29] se escuchaba una tos seca de anciana, el llanto
interminable de un chiquillo, o el monótono balanceo de una
cuna.

¡Oh! ¿Y esa ventana con visillos blancos que recortaba im-
30 púdicamente una silueta femenina? Julián se detuvo un instante
como ante una película cinematográfica "no apta para menores de

---

[26]**rumiando coca**   chewing on coca leaves
[27]**sacar . . . claros**   to avoid any business dealings that were not clear-cut
[28]**haciendo . . . calleja**   making his footsteps resound on the silent street
[29]**rebasaba . . . edificios**   stood out from the line of the other buildings

quince años". ¡Tontería! Era un individuo gordo y ridículo, acaso 1
un secretario de juzgado, que se enjugaba los pies con una toalla
ante una palangana de latón[30] . . .

Reprimió un bostezo, y siguió: a medida que se acercaba a su
casa, la acera estaba más deteriorada y tenía que fijarse para salvar 5
los charcos claros que se forman entre las losas de piedra que-
bradas.

¡Feliz Davis, que no tenía que soportar esa llovizna y que iría
a pleno sol, viendo recortarse las mantas verde y rojo de los indios
y las faldas pintorescas de las cholas en la tierra ocre y árida de 10
Uyuní![31]

¡Ah!, si él estuviera allí, se dejaría de negocios y se concretaría
a buscar telas antiguas y a desenterrar "huacos" curiosos en los
cementerios indígenas.

¡Diablo! Por ir pensando en descubrimientos arqueológicos, 15
había metido el pie hasta el tobillo en una poza. ¡Se veía que no
estaba en Bolivia!

Menos mal que llegaba ya a su casa.

Abrió la puerta con precaución para no despertar a su mujer.
¡Qué raro! La luz estaba encendida en la pieza del niño y se oían 20
pasos en los altos.

En la escalera tropezó con la criada.

—¿Qué pasa, Juana?

—El niño está enfermo.

—¿Qué tiene? 25

—Eso que le da siempre a la garganta; pero está mejor.

—Un ataque de falso crup —pensó.

Sobre la mesa del "hall" vio una carta para él. Tenía membrete
del Banco Anglo-Argentino.

¡Claro! ¡Siempre las cartas del Banco llegan cuando hay un 30
niño enfermo y no se tiene para remedios!

---

[30]**palangana de latón**   brass washbowl
[31]**viendo . . . Uyuní**   seeing the green and red blankets of the Indians and the
picturesque skirts of the Indian girls stand out against the yellowish arid land of
the Uyuní (an Indian tribe).

1   ¿Y a qué venía aquella carta? ¿Un documento? ¡Pero si hasta
el día 6 no vencía ninguno . . .!³²

      Hizo un acto de valor y la abrió precipitadamente.

      La eterna historia: "que se sirviera dar movimiento a su cuenta
5 corriente"³³ . . .

      ¡Cómo si se pudiera! Y luego dicen que los gerentes de Bancos
no tienen el sentido del humorismo y la ironía.

      ¡Mentira que les inventan, por despecho, los literatos, los poe-
tas, los hombres sin criterio práctico, que son, por lo general, los
10 deudores!

      Entró, amargado, a la pieza del chico. No se acordaba ya de
los trajes suntuosos de la casa de Goldenberg.

      Su mujer, con un sencillo vestido de verano, con ese frío y a
esas horas, estaba a la cabecera del pequeño enfermo.

15   —¿Está mejor?

      —Sí; ya pasó.

      —Cuando salí estaba bueno . . .

      —¡Es claro! ¡Como tú no lo viste!

      —Pero no me dijiste una palabra.

20   —¿Para qué? Te estabas poniendo "smoking"; supuse que
tendrías alguna comilona con amigos . . ., con Davis, como la otra
noche . . .

      —¡Hija!

      —Es natural. Los hombres se divierten. La mujer, pegada a
25 la cabecera de la cama, tiene que trasnochar con el chiquillo. Si a
lo menos me quisieras . . .

      Los ojos se le llenaron de lágrimas.

      Julián quiso abrazarla.

      —Leonor . . . ¿Por qué me dices esas cosas?, ¡tú sabes que te
30 quiero!

      Ella lo apartó de sí serenamente.

      —No me beses. ¿Para qué? ¡Pasas tan feliz con Davis!

---

³²¡**Pero . . . ninguno . . . !**   But no payment was due till the 6th . . .!
³³**"que . . . corriente"**   "please pay on your account"

Julián permaneció un instante mudo, sin saber qué contestar, 1
con las manos apoyadas en el respaldo de la cunita blanca en que
el niño respiraba más tranquilo, pero siempre con una especie de
ronquido. ¡Qué injusticia! ¡Nadie quería como él a su mujer! ¡Qué
buena era y qué bonita estaba con sus espesos cabellos negros, que 5
caían sobre sus ojos de azabache! ¡Cuánto sufría de haberla molestado!

Habría querido llorar también como ella y decirle que ese
Davis no existía, que era una falsedad, una mentira; pero ¿cómo?
¿Qué sacaba con explicarle que el causante de aquella maldita orgía 10
había sido don Fortunato en vez de Davis? ¿Qué adelantaba con
reemplazar un nombre inglés por uno criollo? Hasta por espíritu
nacionalista había que preferir al compatriota.

Ella alzó los ojos.

—¿Qué tienes? ¿No vas a acostarte?   15

—Sí; cuando no estés enojada . . .

—¡Tonto!

Y le estrechó en los brazos.

Capítulo 7

≪Item más, lego a mi sobrino Julián Pardo el escritorio de 20
caoba y la suma de quince mil pesos para que me tenga presente
en sus oraciones≫.[1]

¡Pobre tío!

Vivía arrumbado como trasto inútil en una pequeña quinta de
Quillota, y he aquí que hace testamento y junto con la beneficencia, 25
el hospital, la escuela de la parroquia, etc., incluye a Julián entre

---

[1] **lego . . . oraciones**   I leave to my nephew Julián Pardo the mahagony desk and
the sum of fifteen thousand pesos so that he will remember me in his prayers. (This
is a fragment from the will of Julián's uncle.)

1 una serie de obras pías, estira la pata[2] y se marcha al cementerio
con el hábito de hermano tercero, sin ruido ni vanidades, dejando
tras sí la estela de quince mil pesos . . .

¡Pobre tío Fabio! . . . ¡Era un campeón del rosario y los
5 recuerdos de familia . . .! ¿A quién le habría dejado el retrato del
abuelo con su gran corbatín negro y su cara de aguilucho desplumado?[3]

Julián estaba seguro de que le debía su nariz delgada y curva,
con vaga semejanza a la del cuadro, ese recuerdo cariñoso que
10 ahora se traducía en un legado. Heredaba por la nariz, heredaba
por una línea curva como otros heredan por la línea recta. ¡Qué
diablo! Nadie sabe por dónde ni por qué llega el dinero ¡pero venía
bien!

En el escritorio y ante el viejo mueble de caoba, consideró el
15 caso detenidamente. ¡Quince mil pesos! Una serie interminable de
cuentas y compromisos acudió al recuerdo como a un concurso de
acreedores: cinco mil pesos al Banco, tres mil a un amigo íntimo;
mil, la letra que descontara Luis Alvear; cuatrocientos al sastre
. . . ¡qué horror! Los quince mil pesos en contacto con su mano
20 estallaban como un «shrapnell».[4]

Al día siguiente estaría más pobre que ahora . . ., y luego su
mujer, su pobre mujer, que esperaba siquiera una pequeña parte
de esa suma para sacar a veranear al chico, «que estaba tan
delicadito», para arreglar algo la pieza y comprarse un abrigo más
25 decente . . . No; para eso más valía intentar una «arriesgada» en
el tapete, en la Bolsa, en cualquier parte. ¡O se duplican o no hay
nada![5]

Mentalmente consultó a sus acreedores. ¿Qué les parece
mejor? ¿Recibir un treinta por ciento al contado —veía bien que

---

[2]**estira la pata** he dies (equivalent to the colloquial expression "he kicks the
bucket")

[3]**aguilucho desplumado** plucked eaglet

[4]**Los quince mil . . . shrapnell** No sooner did he have the fifteen thousand pesos
cash in hand than it exploded like shrapnel.

[5]**para eso . . . nada!** it would be better to take a chance at the gambling table,
in the stock market, any place. Double or nothing!

no podía corresponderles más —, o exponerse unos momentos a   1
trueque de obtener el pago íntegro del crédito?

¡Bah! No cabía discusión. Desde el gerente hasta el lechero
parecían hacerles un signo afirmativo:

—Conforme, don Julián, hay que arriesgarse.   5

—Pero en el garito,[6] no —dijo Julián—; sería mal visto por
ustedes mismos. En la Bolsa: eso es más de caballero. Mi pobre tío
Fabio no se conformaría jamás de ver su dinero reducido a fichas
en una mesa de juego . . .

Cogió el diario. ¿Qué acciones comprar?   10

Ucayanis, Fortuna, la Gloriosa, Adiós mi Plata . . . , no tenía
la menor idea de estos títulos. ¡Qué tontería! ¡A qué pensarlo tanto!
¿No iba a intentar un golpe de fortuna? Buscaría una «mano
inocente» para la jugada.

Llamó a su mujer.   15

—Dime: supuesto el caso de que así como mi tío nos ha dejado
quince mil pesos, nos hubiera dejado cien mil y quisiéramos hacer
una inversión, ¿cuál de estas acciones elegirías?

—Ninguna. Yo sería partidaria de comprar una casita, no
muy grande, por supuesto, pero bonita, de esas en forma de chalet, 20
con ladrillos colorados y una enredadera de flor de la pluma
que subiera por la pared del fondo, para ocultar un poco el
gallinero . . .

—¡Hija, por Dios! No sigas haciendo construcciones. Recuerda que la herencia no es de cien mil pesos sino de quince mil, 25
y hay que pagar un mundo de acreedores. Haz cuenta que se trata
de un milloniario excéntrico que quiere meter su dinero en cualquier cosa . . .

—Para un hombre tan estúpido yo le aconsejaría estas
acciones: las «Adiós mi Plata» ¿Te parece bien?   30

—¡Admirable! —dijo, riéndose, Julián.

Ella se acercó mimosa.

—Dime la pura verdad. ¿Es Davis el que te ha hecho ese
encargo?

[6]**garito**   gambling-house

1   —¿De dónde sacas ese disparate?

         —No me lo niegues. Ese millonario raro tiene que ser él
. . . ¿A qué lo ocultas?[7]

         Y añadió con malignidad:

5   —Cómprale las ≪Adiós mi Plata≫. ¡Muchas, muchas!
¡Cuánto me alegraría de que perdiera!

         Aquel recuerdo de Davis fue para Julián una revelación.

         ¡Su mujer tenía razón! No era propio que él, un infeliz que
debía a cada santo una vela y necesitaba su prestigio de hombre
10 serio, se metiera a especular. En cambio, Davis . . .

         Como lo pensó lo hizo.

         Esa misma tarde fue donde un corredor de comercio y le
explicó en breves palabras el asunto: Su socio, un inglés
acaudalado,[8] quería comprar algunas acciones de la compañía
15 ≪Adiós mi Plata≫; quería, eso sí, limitar sus pérdidas a una cifra
dada.

         —Aquí tiene estos diez mil pesos como garantía. ¿Le puede
comprar dos mil acciones? Bien. Si bajan más de cuatro puntos,
liquida usted la operación. Si suben, espera instrucciones.

20   —Conforme. ¿Cómo se llama su socio?

         —Walter Davis.

         —Perfectamente —y anotó en su libro de órdenes: ≪Walter
Davis≫ . . . 2,000 ≪Adiós mi Plata≫.

         ¡Con qué gusto miró Julián aquel apunte! Era la primera vez
25 que Davis actuaba por su cuenta.

         ¡Buena suerte!

         Y abandonó la Bolsa triunfalmente.

         Una semana después, Davis estaba ganando seis mil pesos.

---

[7]**¿A qué lo ocultas?**   Why do you hide it?
[8]**un inglés acaudalado**   a wealthy Englishman

Capítulo 8

Fue un mes entero de nerviosidad desesperante. Todas las mañanas, a hurtadillas de su mujer, Julián tomaba el diario y leía temblando las cotizaciones.[1]

Las «Adiós mi Plata» firmes. Subieron dos puntos. Quedaron a 15 y medio comprador. ¡Maravilloso!

Ni se acordaba de las miserias de su casa. La mujer tronaba,[2] ¡qué iba a hacerle! Ya pasaría todo aquello y serían millonarios.

Pero Leonor no lo sabía, e insinuaba:

—Mira, Julián, mientras se arregla el asunto del legado, ¿qué te parecería que vendiera los aros de perlas? No los uso nunca. ¡Son demasiado valiosos para mí!

Era el supremo recurso fianciero que en los momentos culminantes de crisis asomaba a sus labios. Lo indicaba tímidamente porque sabía de antemano la respuesta.

—¿Estás loca? ¿Vender las perlas que te dio mi madre?

Ella suspiraba sin atreverse a insistir. Julián parecía no darse cuenta de la situación.

Así era en realidad. La Bolsa le obsesionaba.

Para distraerse, salía con Luis Alvear o iba a casa de Goldenberg.

Porque Goldenberg le había tomado un cariño verdaderamente fraternal.

Invitación a almorzar, a comer, al teatro, al biógrafo.

Sólo Anita, con sus ojos inquietos y misteriosos como un mar, lo hacía desentenderse por algunas horas de ese horrible ir y venir de las acciones.

Tenía los caprichos más curiosos... Ahora quería que escribiera un libro en que apareciera una mujer extraña que dejaba a su marido, su casa y su fortuna por irse con un poeta que la comprendía.

---

[1] **a hurtadillas ... cotizaciones**   on the sly from his wife, Julián would get the newspaper and trembling would read the quotes
[2] **La mujer tronaba**   The wife was raising cain

1 —¿Usted no ha escrito nunca una novela?

—Las novelas hay que vivirlas —decía él—. Después se escriben. De otra manera no resultan reales . . . y la historia de su vida había sido tan serena, tan burguesa . . . —¡Oh! Las protagonis-
5 tas apasionadas como la que ella imaginaba no eran fáciles de encontrar en estos tiempos. Habían muerto con el romanticismo.

—¿Cree usted que no hay ninguna?

Le envolvía en una mirada dulce y capitosa como vino añejo,[3] y añadía en tono alegre:

10 —Yo, al contrario, creo que la dificultad está en hallar el "héroe". Hay que crearlo. ¡Y qué difícil debe ser crear un personaje!

Julián no podía menos de sonreírse. Él, por de pronto, había creado a Davis. Así, de buenas a primeras,[4] sin pensarlo mucho, cediendo a un instinto ciego y egoísta —todas las concepciones son
15 lo mismo—, había lanzado al mundo aquel engendro que se paseaba por Bolivia y preocupaba a Goldenberg y perturbaba los negocios de Bastías y especulaba con éxito en la Bolsa.

—No crea, Anita. Nunca el dar vida a un ser es problema.

Ella le miraba con sonrisa picaresca.

20 —¡Qué jactancia! ¿Se halla capaz de crear al personaje?

—Si hacemos la novela en colaboración . . .

—Pero usted me responde de encontrar al héroe . . .

—Por supuesto, siempre que usted se encargue de la protagonista.

25 ¡Ah! ¡Si desde la mañana hasta la noche Julián hubiera podido conversar solamente con Anita! Pero . . . había que hablar también con Goldenberg y su conversación era un martirio.

Desde que un día Julián le preguntó su opinión sobre la compañía "Adiós mi Plata", él, por hacerse grato, comenzó a reunir
30 antecedentes, balances y memorias sobre la marcha de la sociedad, y, ¡en qué términos se expresaba de ella!

—Es un horror, mi amigo. ¡Esas acciones no valen diez cen-

---

[3] **vino añejo**   aged wine
[4] **de buenas a primeras**   on first impulse

tavos! Impóngase de este informe reservado: "No hay cubicación".[5]
La mina no es más que un hoyo hecho en el cerro, en que no existen
vestigios de mineralización. Créame, mi amigo, si yo me rebajara
a especular en papeles de esa especie, vendería en descubierto todas
las acciones de la compañía. Recuérdelo bien usted; ahora las
"Adiós mi Plata" están a 15 pesos; mañana, ¡hoy mismo!, pueden
estar a diez centavos. Y aun así, estarían "infladas".

Los nervios de Julián no resistían. Tomaba el sombrero, y
olvidándose de todo, hasta de Anita, se iba de prisa a la Bolsa.

Allá se tranquilizaba.

—A diez y seis y medio comprador —le cotizaba el tenedor
de libros[6]—, y llamaba por teléfono a Gutiérrez.

—Admirable, don Julián —le decía el corredor— ¡El señor
Davis no la yerra nunca![7] Y ahora, ¿qué hacemos?

—Compre otras dos mil.

—Voy a dar la orden.

Y luego confidencialmente y golpeándole la espalda:

—Sea usted buen amigo, don Julián. ¿Qué le ha oído al señor
Davis? ¿Habrá margen para unos cinco puntos de alza?

—Cuándo él ordena que le compre más . . .

Julián se despedía para evitar el interrogatorio.

Y cuando Julián salía, el corredor comentaba invariablemente
con el tenedor de libros:

—¡Ese Davis es un lince![8]

Iba a la rueda y se compraba por su lado un "lotecito".

Por su parte, Julián, tan pronto como se alejaba algunos pasos
del edificio de la Bolsa, comenzaba a sufrir una angustia desesperante, que se traducía en un verdadero delirio de locomoción.

Cuando a las cinco y media de la tarde terminaban las opera-

---

[5]**No hay cubicación.** The stock has no growth potential.

[6]**A diez y seis . . . libros** Sixteen and one half to buy—the bookkeeper quoted him
the price

[7]**¡El señor Davis . . . nunca!** Mr. Davis never misses!

[8]**lince** lynx (Note the author's tendency to characterize through the technique of
animalization. *Lince* also means "shrewd.")

ciones y veía el boletín, quedaba un poco más tranquilo; pero más
tarde, la obsesión volvía. No podía apartar de su mente las acciones
. . . Creía de buena fe que la cotización de la plata influía en ellas
y ni aun de noche se libraba de la terrible pesadilla.

—A estas horas, aquí "no hay rueda", ¡pero en Londres!
. . . Tal vez en este momento —las dos de la madrugada— ha
comenzado a funcionar el mercado de metales.

Creía ver a los corredores londinenses, serios, correctos, im-
penetrables, perder repentinamente su serenidad británica y formar
un corrillo bullanguero,[9] un pandemónium en que nada se entendía.

De pronto, una voz ronca dominaba el tumulto. Un corredor
comenzaba a ofrecer, bajando el precio, y la plata se desmoronaba.[10]

Julián veía enviar el telegrama a la Bolsa de Santiago de Chile,
anunciando una baja formidable. Al día siguiente la plata estaría
por el suelo y sus acciones . . .

Julián no quería pensarlo. Para olvidar todo ese horror trataba
de reconstituir en su memoria la silueta delicada y tentadora de
Anita.

En vano.

Entonces le invadía una oleada de arrepentimiento.[11]

¡Qué estupidez! Él, un hombre razonable, metido en un "flirt"
como un chiquillo, con una mujer que no le importaba nada.
¡Imperdonable! ¡No volvería a ver a Goldenberg!

Y se acostaba lleno de buenos propósitos: terminar la especulación y terminar el amorío.

Pero al día siguiente, al despertar, la vida le cogía de nuevo
entre sus ruedas, y la mujer y el juego le arrastraban . . .

---

[9]**corrillo bullanguero**   rioting group
[10]**y la plata se desmoronaba**   and the invested money was loosing value
[11]**Entonces . . . arrepentimiento.**   Then he was overcome by a wave of repentance.

Capítulo 9   1

—El niño sigue cada día peor; no come, duerme mal, tose de
noche . . . Es preciso llevarlo a alguna parte.

—En cuanto haya dinero disponible . . .

—¿Y los quince mil pesos de don Fabio?   5

Julián no se atrevía a confesar a su mujer que estaba especulando. En fin: como tenía utilidades, la garantía no era necesaria.[1] Le pediría unos tres mil pesos a cuenta al corredor. ¿Tres
mil? Era ridículo que Davis necesitara tres mil pesos. Esperaría al
día de la mala, y le pediría treinta mil. El resto de la ganancia lo   10
dejaría en la oficina para seguir operando, hasta hacerse millonario.

—Hoy mismo tienes el dinero —dijo.

—¡Qué bueno para llevar al chico al campo! ¿Quieres verlo?
Acababa de dormirse. Entraron en puntillas[2] a la pieza.

—¡Parece un pajarito!   15

—¡Va a volver otro! No te afanes.[3]

La carita pálida se esfumaba entre las sábanas junto a la
cabezota desvencijada de un oso de trapo, al cual oprimía amorosa-
mente contra el pecho.[4]

—¡Pobrecito!   20

Impresionado con el recuerdo del pequeño, Julián fue a hablar
con el corredor: Davis quería que, a cuenta de las utilidades, le
entregara unos treinta mil pesos.

Gutiérrez no vaciló.

—¡Con mucho gusto! ¡Basta que lo desee el señor Davis! ¿Para 25
cuándo necesita ese dinero?

—Para hoy, para mañana, cuanto más pronto mejor —dijo
Julián.

---

[1]**En fin: . . . necesaria.**   Ultimately: as he had stock in utilities, no guarantee was
necessary.
[2]**en puntillas**   on tiptoe
[3]**¡Va a volver otro! No te afanes.**   He will come back like new! Don't be upset.
[4]**La carita . . . pecho.**   The pale little face was lost among the sheets next to the
worn large head of a rag teddy bear, which he was pressing lovingly against his
chest.

1   El corredor sacó el reloj.

—Son más de las cuatro. Hoy está ya cerrado el Banco. Usted tiene poder del señor Davis. ¿No? No importa. Una carta, cuatro líneas . . . , por la fórmula, nada más que por la fórmula, para dar

5 a la operación un aspecto comercial.

—Es que Davis está ausente . . .

—¡Bah! Entonces la misma carta en que le da la orden.

—No me ha escrito . . . , me ha hablado por teléfono . . . —dijo Julián acorralado.

10   —No se preocupe. ¿Dónde está ahora el señor Davis? ¿En Valparaíso?

—En Valparaíso . . . —repitió Julián con voz opaca.

—Muy bien; que le extienda un poder, y basta y sobra.[5] Háblele esta tarde misma por teléfono.

15   Julián no hallaba cómo salir de aquel pantano.[6]

—¡Qué vamos a hacerle! Volveré mañana.

Gutiérrez salió con él hasta la puerta.

—Don Julián, disculpe la molestia que le impongo. No vaya a tomarlo como desconfianza. Le conozco demasiado; pero por

20 usted, por mí, por el orden mismo de la oficina, conviene que usted traiga ese poder. Es una práctica invariable. Mi socio me lo exige . . .

—¡Lo comprendo!

Julián sabía perfectamente a qué atenerse respecto a estas

25 exigencias de los socios.

Salió indignado. ¡No faltaba más! Él había arriesgado su dinero, él había especulado; él había estudiado los negocios; él había ganado en buena lid[7] esos ochenta o cien mil pesos que Gutiérrez tenía en su oficina, y ahora resultaba que ese dinero era

30 de Davis, que para entregárselo necesitaba una autorización de Davis, que en buenas cuentas, Davis se quedaba no sólo con el

---

[5] **que le . . . sobra**   let him extend to you a power of attorney and that will be more than sufficient

[6] **Julián . . . pantano.**   Julian could find no way out of that mess.

[7] **él había . . . lid**   he had won in a fair fight

lucro de la especulación, sino con la garantía, con todo su peculio, 1
con el propio legado de su tío.

¡Un robo descarado! ¿Y quién era Davis? Un nombre, una
quimera, un engendro de su mente.

La plata era suya, suya, y él no consentiría en ese 5
despojo . . .

¡Como que se llamaba Julián Pardo, él reconquistaría ese
dinero! ¡Era un salteo! Obraba en defensa propia y no retrocedería
ni ante el crimen, si era preciso asesinar a Davis . . .

No pudo menos de reírse.   10

—¡Qué ridiculez! ¿Matar a Davis?

¿Estaba loco? Davis al fin y al cabo no era nada; mejor dicho,
era un seudónimo, una prolongación de una personalidad.

¿Le pedían un poder? Perfectamente: era lo mismo que si le
pidieran una autorización de Julián Pardo para que cobrara el 15
propio Julián Pardo un dinero que le pertenecía. ¿No iba a efectuar
un acto justo? ¿A quién dañaba con ello? A nadie, absolutamente
a nadie . . .

En cambio, si él no se daba ese poder, dañaba a su hijo, dejaba
en la miseria a su mujer, dilapidaba estúpidamente su peculio[8] y el 20
fruto de su trabajo de dos meses y obligaba al corredor a quedarse
con lo ajeno.

Una voz sutil e irónica comenzó a levantarse en su conciencia:

—Muy bien, Julián: eres el más perfecto tinterillo;[9] pero así y
todo, vas a hacer una incorrección o algo peor que eso, un acto 25
vergonzoso: vas a engañar al notario . . .

Julián se sublevó.[10] ¡Qué estupidez! De lo contrario —si no
cobraba su dinero—, iba a engañar al corredor . . .

—Vaya lo uno por lo otro —murmuró—. Basta de escrúpulos.
— ¿Por un simple formulismo no iba a cobrar lo que era suyo? 30

Consultó el reloj. Aun era tiempo de llegar hasta su casa para
despedirse de su mujer y tomar el tren a Valparaíso.

---

[8]**dilapidapa . . . peculio**   he would squander foolishly his small fund
[9]**eres . . . tinterillo**   You're a real shyster.
[10]**Julián se sublevó.**   Julian rebelled.

1   Llamó un coche.

¡Tener que ir a Valparaíso por culpa del maldito socio! ¡Qué
absurdo!

¿De modo que ya Davis había regresado de Bolivia?

5   Sintió un vago temor.

De La Paz, Davis se había venido a Valparaíso. Davis se
acercaba.

No sabía por qué temía que algún día Davis, siempre viajero,
siempre inquieto, abandonara también esa ciudad y se viniera aquí,
10 a Santiago, a perturbarle sus negocios y su vida.

Capítulo 10

Un viaje en tren, una noche entera en blanco[1] entre las sábanas
hostiles y con olor a mar de la Pensión Inglesa, oyendo el diálogo
monótono, agotador, dilacerante, que se prolongaba como un
15 duelo a florete,[2] en el fondo de su conciencia:

—Vas a falsificar una escritura.

—No; voy a darme poder a mí mismo.

—Cometerás un acto indigno . . .

—Voy a cobrar lo que me pertenece.

20   —Vas a engañar . . .

—Voy a poner fin a un engaño.

—¡Mintiendo! . . .

—Será mi última mentira . . . Con ella voy a volver a la
verdad . . .

25   —¡Tinterillada![3] Vas a falsificar una escritura.

---

[1]**una noche . . . en blanco**   a sleepless night

[2]**oyendo . . . florete**   hearing the monotonous, tiresome and lacerating dialogue
that continued at length like a fencing duel

[3]**¡Tinterillada!**   Derives from the expression "dejarse en el tintero" that means "to
forget something conveniently." English equivalent: "You are rationalizing."

Julián estaba loco. A las seis de la mañana no pudo resistir 1
más, se levantó y fue a pasearse por los malecones en busca de aire
fresco.

El mar parecía repetir el mismo diálogo. Su protesta se estrellaba en los rieles y las piedras del muelle; retrocedía y de nuevo 5
tornaba en su insistencia.

—Vas a falsificar una escritura.

—Voy a cobrar lo que me pertenece.

Aquel espectáculo era intolerable, y cada vez que el malecón
resistía con terca negativa, Julián apartaba los ojos de las olas para 10
ver la réplica de espuma.[4] Una réplica blanca y altiva como una
protesta, quebrándose en los hierros enmohecidos, en las piedras
negras y viscosas donde se acumulan los detritos de los cauces.[5]

—¡A qué hora abrirán la notaría! —suspiraba.

Le parecía que una vez terminado "aquello" quedaría tran- 15
quilo.

A las ocho entró a un pequeño restaurante. Bebió una taza de
café y le preguntó al mozo cuál era el notario más antiguo de
Valparaíso.

—No sé, señor. Hay uno muy viejito que viene a almorzar 20
aquí.

Era ése el hombre que Julián necesitaba . . . Un hombre
rutinario, acostumbrado a colocar "firmó ante mí . . .", "mayor de
edad, a quien conozco, y dijo . . ." con la misma inconsciencia de
una máquina, en las escrituras. 25

—¿Dónde tiene la oficina?

El mozo le indicó la dirección.

Julián miró el reloj. ¡Caramba! Eran las ocho y cuarto solamente, había que hacer hora hasta las diez[6]. . .

---

[4] **y cada vez . . . espuma**   and each time that the dike would stubbornly resist by
insisting on the negative, Julian would look away from the waves in order to see
the opposing argument in the foam
[5] **Una . . . cauces.**   A white and haughty protest that would break against the rusty
iron underpinnings in the blackened and slimy rocks where the filth of the rivers
accumulated. (Notice that Julian's perception of the sea parallels the struggle that
he is experiencing with his own conscience.)
[6] **había . . . diez**   he had to wait until ten

1   Sacó un papel de su bolsillo, cogió la pluma fuente entre el
índice y el cordial —posición inusitada—, y, como en la famosa
trasnochada de don Fortunato, comenzó a escribir con una letra
echada atrás: Walter R. Davis, Walter R. Davis, con una rúbrica
5 curva y alargada como el tubo de una pipa.
       El mozo se acercaba. Hizo pedazos el papel y salió del res-
taurante.
       Comenzó a andar por la ciudad maquinalmente, deteniéndose
ante cada escaparate.
10   —No voy a hacerle daño a nadie . . . a nadie . . .
       Hablaba solo.
       A fuerza de repetir esa palabra "a nadie", "a nadie", quería
incrustarse la afirmación en el cerebro.
       En las calles centrales comenzaba el movimiento cotidiano
15 . . . Mucha gente. No convenía que le vieran. Se internó por una
callejuela atravesada.
       En un almacén óptico se compró un par de anteojos negros.
Se los puso. ¡No fuera a hallarse con algún amigo!
       Andando, andando, llegó hasta uno de los cerros que rodean
20 el puerto. Se le figuraba que el espectáculo de la bahía, bruñida y
amplia como una fuente de plata, podría distraerle.[7]
       La bruma dejaba ver apenas los buques próximos alineados
como inmensos ataúdes. Un botecito —un ataúd de niño— se
balanceaba tristemente. Pensó en el chico enfermo. ¿Cómo se-
25 guiría? ¡Oh, esas malditas gafas negras comunicaban a todo un aire
tétrico!
       Bajó.
       Al fin la notaría estaba abierta. Un hombre largo y calmoso,
como un sepulturero, ponía en orden unos mamotretos, colocán-
30 dolos en el nicho respectivo.
       —¿Está el notario?

---

[7]**Se le figuraba . . . distraerle.**   He thought that the expansive and burnished
spectacle of the bay could take his mind off things much like a silver tray. (The
author uses a simile to compare the shining sea and the silver tray.)

—No ha llegado todavía.   1

—En fin, da lo mismo . . . Se trata de una escritura de "cajón".
¿Podría estar lista hoy por la tarde?

El hombre lo miraba con indiferencia.

—Es una simple escritura de cancelación —dijo Julián   5
un poco cohibido—. Un señor me pagó ayer una plata y
quisiera . . .

—Sí; pero el tiempo es lo que falta . . .

Julián echó mano a la cartera y sacó algunos billetes.

El empleado dejó caer el librote que llevaba al anaquel y se 10
acercó solícito a Julián:[8]

—Sí, señor; alcanza a estar ¿Para las doce?

—Tanto mejor. Estoy de viaje.

Luego, al pasarle los billetes y animado por la cara sonriente
del empleado: 15

—Usted estuvo antes en la notaría de . . .

Fingía buscar un nombre. El escribiente se apresuró a facili-
társelo:

—En la notaría del señor Unzueta.

—Sí . . . sí . . .   20

—Yo también creo conocerlo. ¿Usted es el señor . . . ?

A su vez trataba de encontrar un nombre.

—Walter Davis —acudió Julián, facilitándole el hipotético
recuerdo.

—¡Ah! Sí . . . ¡Claro! El señor Walter.   25

Julián sintió deseos de abrazarle. ¡Con ese hombre de tan
buena memoria la mitad del camino estaba hecha!

Si el empleado creía reconocerlo en calidad de Davis, ¿para
qué seguir el cuento de la escritura de cancelación? ¡Al "poder" lisa
y llanamente![9]   30

—¡Las diez y cuarto! ¿Sabe? Estoy pensando que no voy a
alcanzar a volverme a Santiago. La escritura de cancelación no

---

[8]**se acercó . . . Julián**   he came up to Julián in a solicitous manner
[9]**¡Al "poder" . . . llanamente!**   Simply get on with the business of the power of
attorney!

1 corre apuro. En cambio necesito dar poder a Julián Pardo . . .
¿Alcanzaré a tenerlo antes del almuerzo?

—¡Por supuesto!

Le entregó un borrador escrito a máquina.

5 —Hasta luego.

—Hasta luego, señor Walter.

Julián estaba loco de alegría. ¡Qué angustias ni qué problemas
psicológicos! Nervios ¡nada más que nervios!

El sol había disipado los nublados y la bahía se extendía como
10 un inmenso prado verde. Los viejos barcos, pesados y soñolientos,
parecían rumiar viejos recuerdos. Una bandada de botes de colores,
blancos, rojos, azules y amarillos, revoloteaban en torno de ellos
como mariposas.

El niño se iría al campo, volvería gordo y rozagante . . . Su
15 mujer descansaría, recobraría el buen humor, la alegría de vivir.

Cuando pensaba en ellos, Julián se hallaba capaz de cualquier
cosa, se sentía casi un héroe.

Todo lo afrontaría por salvarlos.

A las once y media estaba en la notaría.

20 —El poder está listo, señor Davis. No faltan sino las firmas.

Julián sacó la pluma fuente, y firmó y rubricó con gesto
decidido: Walter R. Davis.

Dos empleados de la misma notaría servían de testigos.

—Gracias. Hágame el favor de presentarme al notario.

25 Entraron a una salita de modestas apariencias.

Tras una mesa llena de papeles, estaba un vejete flaco, de
aspecto ratonil, con las gafas equilibradas en la punta de la nariz.

Tendió la mano a Julián como si se tratara de un antiguo
conocido.

30 Leyó entre dientes el poder.

—Muy bien . . ., muy bien . . .

Clavó en Julián unos ojillos de miope.[10]

—Pariente de los Davis de La Serena, ¿verdad? Muy bien
. . . Muy bien . . .

---

[10]**ojillos de miope**   little nearsighted eyes

Y casi tocando el papel con las narices estampó su firma.   1
—El timbre. ¿Dónde está el timbre?

Imprimió el sello, cogió con mano vacilante el bote con la arenilla de secar,[11] sopló cuidadosamente.

—¿Están pagados los derechos? Muy bien . . . Muy bien   5
. . . Servido. Hasta la vista.

¡Estaba salvado! Había pasado el Rubicón; volvía a ser el mismo Julián de antes. En la otra orilla quedaba Davis defraudado. Creía verle, largo, flaco, con el pelo de color de zanahoria y una vieja cachimba entre los dientes, pasearse malhumorado, con las   10
manos cruzadas a la espalda.

¡Pobre Davis! ¡Había errado el golpe! El dinero de las "Adiós mi Plata" se le iba de las manos: Pardo lo cobraría con el poder suscrito, ¡qué sarcasmo!, con la firma del propio Walter Davis.

Julián sonreía con el orgullo del triunfo.   15

De pronto se acordó de los anteojos negros. Los tomó y los hizo añicos[12] contra el suelo.

Miró atrás, nerviosamente.

Le parecía oír la voz de Davis que le gritaba desde lejos, con las manos puestas como una bocina ante sus dientes largos y ama-   20
rillos:

—Míster Pardo: Usted hace mal. Esos anteojos son verdaderamente míos.

*   *   *

Tomó el tren, regresó y se fue derecho a la Bolsa de Comercio.   25
Quería terminar pronto. Mostrar el poder y recibir el cheque. Estaba seguro de que sólo entonces podría descansar.

—¡Oh! Míster Pardo ahora va a engañar al corredor.

La voz de Davis sustituía a la de su conciencia.

¡Gringo estúpido! ¿Se le pasaba por la mente que podía decirle   30

---

[11] **Imprimió . . . secar**   He affixed the seal, with hesitation he took hold of the container of drying powder
[12] **los hizo añicos**   he broke them into bits

1 al corredor que había ido a Valparaíso a falsificar una escritura?
La voz seguía imperturbable, taladrándole el cerebro.[13]
—Una nueva mentira, mister Pardo; no es correcto.
¡Caramba! ¿Había acaso otra manera de cobrar un dinero
5 suyo, absolutamente suyo? ¿O iba a dejarlo perderse tontamente?
¡Ésta sería su última mentira!
A su mujer le diría la verdad: que había ido a Valparaíso por
culpa de Davis, ¿no era acaso cierto? y, gracias a ese viaje, disponía
del dinero necesario. Un negocio hecho con Davis —en eso no
10 había engaño— le permitía disponer ahora de una pequeña fortuna
. . . ¡Qué gran noticia para ella!
Arrullado por esos pensamientos, llegó a la oficina de Gutiérrez.
—¡Don Julián, al fin aquí! ¡Dos puntos de alza![14] ¿Habló con
15 el señor Davis?
Por toda respuesta, Julián sacó el poder.
El corredor lo leyó rápidamente.
—¡Admirable! ¿Ve usted? ¡Con esto queda todo en orden!
Y en seguida, dirigiéndose al empleado:
20 —Archive esta escritura y haga un cheque por treinta mil
pesos a favor del señor Pardo.
Julián lo dejaba hacer sin atreverse a protestar. ¡Ese hombre
iba a guardar quién sabe por cuánto tiempo una escritura simulada,
cuyo sólo recuerdo le crispaba![15]
25 —¿Y el señor Davis? ¿Qué le ha dicho el señor Davis?
—Nada . . . , nada . . . , que liquide —dijo Julián en un rapto
de desesperación.
El corredor lo miró lleno de asombro.
—¿Ha tenido malos datos del negocio?
30 Se acordaba sin duda del lote que tenía por su cuenta.
Además, sólo el día antes le había dicho a una señora amiga suya
"que se metiera en unas mil ≪Adiós mi Plata≫". El pobre Gutiérrez insistía:

---

[13]**taladrándole el cerebro**   boring into his brain
[14]**¡Dos puntos de alza!**   The stock is up two points!
[15]**le crispaba**   put him on edge

—¿De veras, don Julián, eso le ha dicho? ¿Quiere liquidar ₁
todas sus acciones?

—Sí, todas; rápidamente.

—Pero van a bajar de un modo horrible.

—No importa. 5

Los ojos del corredor se iluminaron.

—¡Ah! Ya comprendo. Es un movimiento de especulación del
señor Davis. ¡Qué reservado es este don Julián!

Firmó el cheque, y al dárselo, golpeándole afectuosamente la
espalda, agregó: 10

—Si habla de nuevo con el señor Davis, dígale que no sea
egoísta y cuando tenga algún buen dato, se acuerde de su pobre
amigo.

—¡Cómo no!

Le molestaba que Gutiérrez le hablara tanto de Davis. 15

Llamó un coche.

—A la calle Grajales.

Ahora, con el cheque en el bolsillo, la modesta fachada de su
casa le parecía más alegre.

El chico salió a su encuentro: 20

—¡Papá! ¡Papá! ¿Me "tajo" un mono?

Julián lo tomó en brazos. Mañana le traería un libro, unos
juguetes, unos monos muy bonitos . . .

Le palpaba conmovido las piernas delgaduchas¹⁶ . . .

—¡Julián! 25

Su mujer bajaba apresuradamente a recibirlo. Le abrazó y,
mirando al chico:

—¿Cómo le hallas?

—Mejor —dijo Julián—; ahora podrá salir al campo.

—¿Sí? ¡Qué bueno! 30

—¿Y a tí, cómo te ha ido?

—Sin novedad.

Cambió en seguida de expresión. Por sus ojos pasó un relámpago de celos.

---

¹⁶**Le palpaba . . . delgaduchas**   With great emotion he would pat his thin little legs

1   —¿Te divertiste mucho en Valparaíso?

—¿Por qué lo dices? Sabes que iba por un asunto comercial.

—¡Es claro . . . ! ¡Davis . . . !

—¿No crees en él?

5   —No es que no crea; es que me carga.[17] Siempre alejándote de
mí, siempre en fiestas . . .

—¡Eres injusta! Este negocio . . .

—¿Te lo dio él? ¡Cuánto me alegro!

Julián dejó el niño en el suelo y le enseñó el cheque con
10 orgullo.

—¿Ves? Treinta mil pesos.

—¡Qué espléndido! Vas a comprar una casita, ¿verdad? Mira,
y cuando tengamos el chalet bien arreglado, con un comedor con
zócalo de madera y unos enormes platos de mayólica, invitarás a
15 Davis a comer . . . ¿Qué te parece?

—No viene, es muy retraído.

—Pero ¿por qué? Tú le supones eso. ¿Retraído? Para tomar
whisky y champaña y andar contigo hasta el amanecer, no se retrae
lo más mínimo[18] . . . Prométeme que lo invitarás. Tengo curiosidad
20 de conocerlo.

—¡Hija mía, es completamente inútil! No vendrá.

—¿Crees entonces que nos mira en menos?[19]

Julián hizo un gesto de cansancio y entró a su escritorio con
el pretexto de arreglar unos papeles.

25   ¡Ya estaba el maldito Davis amargándole la tarde! ¿Cómo
poder hablar las cosas francamente y decirle a su mujer que el tal
Davis era un mito? ¡Ahora! ¡A buen tiempo! Ya no lo creería. ¡Y
con razón! ¡Le había hablado de él todos los días! Además, nunca
podría decir la verdad, "toda la verdad": que él había falsificado
30 una escritura, había suplantado a Davis . . .

Un secreto vergonzoso los unía y a cada instante Julián Pardo
creía ver levantarse la silueta escueta y acusadora del inglés:

---

[17] **es que me carga**   it's that I'm sick of it.
[18] **no se retrae . . . mínimo**   he doesn't live a retired life at all
[19] **¿Crees . . . menos?**   Do you think then that he looks down on us?

—¡Oh! ¡Míster Pardo! Usted que se dice mi socio y debe es-   1
tarme agradecido, me ha falsificado la firma y me ha roto los
anteojos. No es correcto.

Capítulo 11

Olor a carboncillo, ir y venir de gente.   5
—¡Disculpe!
Una maleta que atropella; un gorro colorado que pugna por
subir.[1]
—Apúrate. ¡Si cabe! Hay un hueco en la rejilla. ¡Up!
En la ventanilla, el "Nito", paliducho, abrazado a un paquete   10
de galletas, y Leonor, tratando de alcanzar el vidrio y dando a
Julián sus últimos encargos.
—No me eches en olvido. Mira, encima del "chiffonier" quedó
el reloj. Hay que mandarlo a componer.[2] Si va la Luisa, dile que
el sábado sin falta tiene que mandar la ropa. Escríbeme. No dejes   15
de escribirme, y sobre todo, pórtate muy bien. Nada de Davis, ¿me
prometes?
Un pitazo, una manita de niño que aletea descompasadamente[3] como un pájaro que trata de volar y un pañuelo
blanco que se agita hasta que el tren se pierde en la atmósfera   20
pesada y polvorienta.
Julián volvió a la oficina.
Paseándose ante la puerta cerrada, con el sombrero suelto

---

[1]**Una maleta . . . subir.**   A suitcase that pushes its way through; a red hat that
fights to rise above the crowd. (Note the author's technique of using a few brief
sentences to establish the atmosphere of a particular happening. Here Julián bids
his wife and child good-bye as they leave for a vacation.)
[2]**Hay que . . . componer.**   You have to get it fixed.
[3]**aletea descompasadamente**   waves frantically

1 echado sobre los ojos, las manos a la espalda y un cigarrillo de hoja
de Talca entre los dientes, don Fortunato le aguardaba.

Julián estrechó la mano ruda y franca que el hombre le tendía;
abrió la puerta y entraron.

5 No se veían desde aquella malhadada noche.

Bastías tomó colocación en el sofá, con las piernas muy abiertas para dejar sitio al abdomen, cruzado por una gruesa cadena de
reloj, de la cual pendían, como algas de un calabrote, un enorme
guardapelo, un cuernecillo de coral, un trébol y un número trece.[4]
10 Afirmó las manos en las rodillas y suspiró:

—¡Ah, don Julián, no sabe las amarguras que me cuesta el
socio de usted!

Julián se impacientó.

—¿Qué le sucede?

15 —¡Qué ha de sucederme! Por culpa de su señor socio, don
Samuel me ha disminuido cinco mil acciones . . .

—¿Y qué quiere usted que le haga?

En ese momento empezó a sonar la campanilla del teléfono.

—Con su permiso . . . ¡Aló! ¿Con quién?

20 —¿No me conoce?

Era la voz de Anita.

—¡Cuánto gusto!

—¿De veras? ¡Creí que ya no se acordaba de su pobre amiga!
Nueve días desaparecido sin que Lucho, ni Graciela, ni nadie
25 tuviera noticias de su paradero.[5] Le he buscado hasta en la lista de
defunciones. Me he puesto trágica . . .

—Eso no está bien.

—¡No se ría! Es la verdad. Hasta he llorado. ¡Qué tontería!,
¿no es cierto? Pero estoy neurasténica. Debe ser el tiempo . . . Paso
30 tan sola y aburrida que a veces me da miedo ponerme sentimental,
¡y es tan cursi! Me había acostumbrado a conversar con usted todas
las tardes . . .

---

[4] **de la cual . . . trece**   from which were hanging like algae from a ship's anchor
cable, an enormous locket, a small coral horn, a four-leaf clover and a number
thirteen
[5] **ni nadie . . . paradero**   nor anyone knew of your whereabouts

Julián le explicó su ausencia. El viaje a Valparaíso, la partida 1
de su mujer, un conjunto de ocupaciones y negocios.

—¿Usted hablando de negocios? ¡Qué cosa más divertida! Eso
está bueno para mi marido. Y, a propósito, Samuel me dijo que lo
invitara hoy a comer. ¿Podrá venir? Ahora que está viudo, espero 5
tenerlo aquí todos los días. Hasta la noche.

Cortó.

Nuevo repique[6] . . .

—¿Ha comenzado la novela que le dije? Hay que empezarla.
¡Adiós! 10

Don Fortunato, arrellanado como una rana en el sofá,[7] miraba
con ojos llenos de malicia.

—Hablaba con una niña, ¿no es verdad? ¡Qué don Julián!
Tiene suerte para todo. ¡Hasta para encontrar socio! En la Bolsa
supe ayer que el señor Davis estaba ganando plata a manos llenas.[8] 15
Algo le habrá tocado a usted también. ¡Ese es un socio de veras!
En cambio el mío, el señor Goldenberg, cada día más avaro y más
difícil. Por eso he venido en busca de consejos.

—¿Qué voy a aconsejarle yo, don Fortunato?

—Pero usted puede preguntarle al señor Davis . . . Usted, que 20
es amigo de él, puede decirle que, por culpa de su carta, don Samuel
me ha rebajado mi cuota en el negocio y ahora me dice que, en
compensación, me va a aumentar mis tierras, me va a hacer crecer
el fundo. ¡Yo no entiendo!

—Tendrá él algún terreno colindante[9] con el suyo. 25

—No, señor.

—¿Comprará entonces alguna propiedad para obsequiársela?

—Tampoco. Dice que ha consultado a un abogado y que me
va a ensanchar la propiedad "por ministerio de la ley".

Sacó un papel todo arrugado y se lo puso ante los ojos. Era 30
un esquema del río y de la hacienda ≪El Peralillo≫, aporte de
Bastías a la ≪Sociedad Aurífera El Tesoro≫. Una gruesa raya

---

[6]**Nuevo repique**   The phone rang again
[7]**arrellanado . . . sofá**   sprawled out comfortably like a frog on the sofa
[8]**a manos llenas**   hand over fist
[9]**colindante**   adjacent

1　negra avanzaba como un muelle en la corriente y una línea de
puntos indicaba el presunto aumento de la propiedad a costa del
cauce.[10]

　　—¿Ve, don Julián? La sociedad hace este molo de cemento —
5　le indicaba el trazo negro—, el agua se estrella aquí, da media
vuelta y con la arena y los embanques hace crecer la propiedad. El
señor Goldenberg me asegura que nadie puede decirme una palabra, porque este modo de adquirir es muy legal y se llama . . . ¿cómo
se llama?

10　　—¿Accesión? —dijo Julián.

　　—¡Justamente eso!

　　Julián no pudo menos de sonreírse. ¡Era el colmo! Meter a ese
pobre con media hacienda «El Peralillo» en la sociedad aurífera,
quitarle cinco mil acciones y ofrecerle como indemnización una
15　propiedad hipotética situada, por el momento, bajo el río. Don
Fortunato iba a adquirir su nuevo fundo "por accesión o
acrecimiento", como dice el Código. Goldenberg era un desalmado.[11]

　　—¿Qué le parece el negocio, don Julián?

20　Pardo alzó los hombros.

　　—¿Para qué me lo pregunta? Eso no es asunto mío. Soy amigo
de usted, amigo de Goldenberg, y no quiero mezclarme en sus
negocios.

　　El recuerdo de Anita le quitaba toda su antigua libertad para
25　opinar. Veía patente que cuanto dijera se lo trasmitiría don Fortunato a Goldenberg, y por nada de este mundo quería hallarse en
un enredo. ¡Era perder a Anita para siempre!

　　—Pero, don Julián, si lo único que quiero es que usted le
pregunte su opinión al señor Davis . . . !

30　　—No entiende de leyes.

　　—¡Qué importa! Pero él entiende de negocios . . .

　　—Davis no está aquí.

---

[10]**Una gruesa . . . cauce.**　　A wide black line advanced like a pier in the water and
a dotted line indicated the presumed enlargement of the property by the edge of
the riverbed.

[11]**desalmado**　　merciless

—Lo sé. Está en Valparaíso. Me lo dijo ayer el tendor de libros 1
de Gutiérrez. ¡Usted puede transmitirle mi pregunta por teléfono!

—¡Es inútil! Davis no está en antecedentes.[12]

—Explíqueselos usted —imploró Bastías—. ¡Me interesa
tanto la opinión del señor Davis!   5

Julián sentía una molestia indefinible. ¡La opinión de Davis!
. . . ¡Lo único que le preocupaba a todo el mundo era la opinión
de Davis! La suya, en cambio, no pesaba nada. El era un cero a la
izquierda.[13]

—Le hablaré —dijo por cortar la discusión—. Pero puedo 10
adelantarle que voy a perder tiempo inútilmente. Davis no sabe una
palabra en negocios de esta especie. Hasta yo sé más que él en
materia de propiedades y de leyes. En principio, Davis es enemigo
de todo asunto complicado. No le gusta preocuparse. Me consulta
a mí . . .   15

—No importa, don Julián. La cuestión es que yo sepa la
opinión del señor socio de usted.

—Le he dicho que voy a hablarle.

—¡Muchas gracias!

Bastías le estrechó la mano, entre las suyas, lleno de gratitud. 20

—Hasta muy luego. ¡Nunca podré pagarle este servicio!

Julián quedó hecho una furia.

Capítulo 12

Ese día Julián no fue a la Bolsa.

Durante un mes había tenido abandonada su oficina.   25

Cuando hubo despachado sus quehaceres, se dirigió a casa de
Goldenberg.

No habían llegado aún los invitados.

---

[12]**Davis . . . antecedentes.**   Davis has no knowledge of legal records.
[13]**El . . . izquierda.**   His opinion was of no value.

1   En el salón, a media luz, Anita estaba sentada, con el busto
inclinado hacia adelante y los ojos fijos en la chimenea.

El fuego chisporroteaba y parecía danzar en sus pupilas como
una ronda de diablillos en el fondo de una gruta.[1]

5   Tendió la mano a Julián, con aire de fatiga, y le indicó un sitio
a su lado.

Él creyó ver en sus ojos la huella de las lágrimas.

¿Por qué estaba tan triste?

A la pregunta de Julián, reaccionó con violencia.

10   Sí; había llorado, ciertamente; pero ¿qué le importaban a él sus
penas? Se iba sin decir una palabra, volvía tan satisfecho, y si ella
no lo llamaba por teléfono para decirle que viniera . . . ¡adiós amiga!
Como si no la hubiera visto nunca. No lo decía en son de queja.
¡Psch!, todos los hombres son iguales. Así y todo[2] eran mejores que
15   las mujeres . . . ¡Tan malas, tan envidiosas!

Julián la miraba conmovido sin saber qué decir.

Ella callaba. El escote entreabierto dejaba adivinar sus pechos,
pequeños y redondos. Con los codos apoyados en las rodillas, en
una actitud de esfinge, el cuerpo ágil y esbelto, se contraía como
20   una pantera próxima a saltar. Sus ojos parecían abismarse[3] en su
sueño lejano.

—¿En qué piensa?

Hizo un ademán de suprema displicencia.[4]

—Ni yo misma lo sé —dijo.

25   Luego, al ver los ojos tristes de Julián, que la miraba lleno de
ansiedad, bajó los párpados, echó el cuello hacia atrás y murmuró:

—¡Tengo pena! . . . ¡Mucha pena! . . .

Y rompió en llantos.

Julián le tomó una mano y la oprimió convulso entre las suyas.

30   —Anita, ¡por piedad!, no llore así . . .

---

[1]**El fuego . . . gruta.**   The fire threw out sparks and seemed to dance in her eyes
like a group of little devils in the depths of a grotto.

[2]**Así y todo**   Even so

[3]**abismarse**   to become absorbed in

[4]**Hizo . . . displicencia.**   She made a gesture of complete indifference.

Ella seguía repitiendo: "Tengo pena . . . tengo pena", con ese 1
desconsuelo de los niños regalones[5] que tienden a llorar más al
sentirse acariciados.

Él llevó a sus labios esa mano fría que parecía desmayarse
junto a sus rodillas. Era la cuarta mano de mujer que besaba en 5
iguales condiciones. ¡Era absurdo! ¡Era grotesco! Casi sintió remor-
dimientos.

Su actitud tenía algo de pirata que se aprovecha de la tempestad para adueñarse de los despojos del naufragio.[6] ¿Tempestad?
¡Apenas una tormenta de verano! 10

Y ese maldito escote del vestido, que seguía como una playa
inexorable, resistiendo el vaivén amargo y blanco de las olas . . .

De pronto Anita retiró la mano.

—¿Oye? ¡Es Samuel!

En el "hall" se oían, en efecto, algunas voces. 15

Se acercó casi corriendo a uno de los espejos de la sala, y
levantando una pequeña lámpara, comenzó a arreglarse su "toilette".

Julián permanecía inerte en el sofá. Le pareció que transcurría
un siglo y, sin embargo, habría deseado que ese tiempo se prolon- 20
gara más y más. La puerta comenzó a abrirse lentamente . . .

—¡Oh, señora, cuánto gusto!

¡Qué descanso! No era Goldenberg, sino el viejo magistrado,
seguido de otro señor moreno, cuadrado y basto como un adobe.[7]

—Disculpe, don Cipriano . . . , pero no puedo interrumpir esta 25
tarea . . . Una pestaña . . . Créame que estoy llorando . . . y es poco
poético el motivo, ¿no es verdad?

Hablaba nerviosamente, mientras que con el extremo del
pañuelo fingía una delicada operación oftalmológica.

Luego, reparando en el acompañante: 30

—Mi coronel, muy buenas noches . . . Le voy a presentar a
Julián Pardo.

---

[5]**niños regalones**   spoiled children
[6]**para . . . naufragio**   in order to secure the spoils of the shipwreck
[7]**cuadrado . . . adobe**   of square and rough build like a clay brick

1   Julián, de pie, con el aire de quien despierta de repente, recibió
el saludo ceremonioso de don Cipriano, y el fuerte apretón de
manos del militar.

—Señora —dijo el Magistrado—, perdone Ud. que me mezcle
5 en un asunto de índole tan personal como sus ojos; pero los ojos
de una mujer hermosa . . .

Y se extendió en una larga disertación sobre el tratamiento
que debía darse a estos que él llamaba, "si se le permitía la expresión, pequeños accidentes oculares".

10   —Nada de ácido bórico, señora; agua de té, como nuestras
madres y nuestras abuelas.

—Pamplinas —gruñía el Coronel Carranza—. ¡Los oídos y los
ojos con los codos![8] Llorar no le hace mal a una mujer.

—¡Por favor, no se ocupen de mis ojos!

15   En ese momento llegó Goldenberg.

Saludó apenas al coronel y a don Cipriano y dirigiéndose a
Julián con entusiasmo, como si le trajera una gran noticia, exclamó:

—¡Qué le decía yo, mi amigo! ¡Las «Adiós mi Plata» por los
20 suelos!

—¿Cómo? —dijo —Julián estupefacto.

—¡Lo que tenía que pasar! Hoy bajaron cinco puntos. Antes
de un mes las verá Ud. a diez centavos.

Julián se apoyó en el respaldo de la silla para no desvanecerse.
25 ¿Habrían liquidado sus acciones? ¿Qué sucedería? ¡Y él dedicado
mientras tanto a las escenas amorosas! Sacó mentalmente la cuenta
de lo que esa baja le significaba. Mínimum, veinte mil pesos. Menos
mal que le quedaban siempre ochenta mil.

Ochenta mil . . . , pero en el caso de que Gutiérrez las hubiera
30 vendido totalmente. Si no . . .

Sintió que un frío de serpiente se deslizaba a lo largo de su
cuerpo.

---

[8]**Pamplinas . . . codos!**   "Nonsense" —grumbled Coronel Carranza—. "You can
use your elbows on your ears and eyes!"

Si no . . . , estaba perdido simplemente. Y Gutiérrez se 1
quedaba tan tranquilo y no le enviaba ni un aviso, ni siquiera le
hablaba por teléfono . . . , ¡ese hombre era un miserable!

Goldenberg, con su mirar de zorro viejo, le observaba.

—Supongo que usted no tendrá acciones —dijo—, y en cuanto 5
a las de Davis . . .

Pardo trató de sobreponerse a su emoción.

—¡Qué curioso! ¿De dónde saca Ud. que Davis tiene acciones?

Por toda respuesta Goldenberg le golpeó confidencialmente la
espalda. Guiñó un ojo con aire de malicia y agregó: 10

—Más sabe el diablo por viejo que por diablo.[9] ¿Quiere un
consejo de amigo? No trate nunca de disimular. Los poetas, los
sentimentales, saben sin duda transmitir sus emociones, pero
. . . no saben ocultarlas. Deje eso para los hombres de negocios
como Davis . . .   15

Julián habría querido estrangularlo. ¡También ese estúpido
creía en Davis! ¡Y se sentía perspicaz! ¡Él, perspicaz, cuando diez
minutos antes, en esa misma sala, en ese mismo sofá, su mujer lo
engañaba como a un chino!

—¡Ah!, los poetas —seguía Goldenberg— pueden ser útiles, 20
muy útiles, a condición de saber administrarlos . . .

Anita se acercó.

—¿Pasamos al comedor?

Esquivaba la mirada de Julián y su voz temblaba un poco.

*   *   *   25

La comida fue triste.

Don Cipriano empezó por declarar que la labor del tribunal
había sido dura en esos días y que se hallaba algo indispuesto.

Anita permanecía silenciosa, y Julián frente a Goldenberg se
sentía vigilado y no podía apartar de su memoria el recuerdo de las 30
"Adiós mi Plata".

---

[9]**Más . . . diablo.**   The devil knows more because he has had experience than
because he is the devil. (English equivalent: Experience is the best teacher.)

1   Sólo el Coronel Carranza hablaba hasta por los codos.[10]

—Lo que hace falta en el país es energía.

—Gobierno fuerte—asentía don Cipriano.

—Dictadura si es preciso. Hay que hacer un escarmiento.[11]

5 Aquí las Cámaras discuten en lugar de dictar leyes; cada diputado se cree con derecho a opinar como le place y el Ministerio no se hace respetar. Falta el concepto del honor. El día que cada ministro se pusiera en sus cabales y, junto con opinar un diputado, recibiera esa misma tarde los padrinos, todo marcharía sobre rieles.[12] Las

10 Cámaras se han hecho para legislar, no para hablar. Diputado que discuta . . . un desafío y una bala. ¿Que no quiere batirse? Otra bala para que aprenda a ser más hombre. ¿Que el ministro no le manda los padrinos? Pues otro par de balas al ministro.

—¡Qué horror! ¡Usted va a agotar las municiones! —dijo

15 Anita.

—No importa. Para eso son. Bala que no se dispara no sirve para nada.

—Las municiones son caras . . . —observó Goldenberg.

—Un diputado o un ministro resultan siempre más caros que

20 una bala. Por culpa de ellos este país está perdido y languidece poco a poco. Las industrias se quejan de escasez de brazos, no hay inmigración y la natalidad permanece estacionaria. Es preciso proceder con energía y fusilar de una vez a todos esos canallas.

—¿Y cree Ud. que de ese modo aumentaría la población?

25   —¡Señora, cuando la gente no quiere entender de otra manera! . . .

Don Cipriano acudió a prestarle ayuda:

—Es un modo de decir del coronel. Lo que él quiere insinuar es cierta modificación, naturalmente, ajustada a las normas cons-

30 titucionales, en los rumbos de la administración . . .

---

[10]**hasta por los codos**   nonstop
[11]**Hay que hacer un escarmiento.**   We must teach them a lesson.
[12]**El día . . . rieles.**   The day that each minister gets his head on straight, and the minute that a deputy comes out with an opinion and then receives a visit from the seconds (i.e., a knock on the door) everything will be back on track. (The seconds arrange a duel for the main participants.)

—No, señor, lo que yo quiero decir es que hay muchos sinver- 1
güenzas, empezando por sus colegas de la corte, que se enredan en
triquiñuelas de derecho,[13] de constitución, de leyes. Mientras no se
fusile a todos esos, no habrá prosperidad, no se abaratarán las
subsistencias,[14] y el trigo, la carne, el pan seguirán siempre por las 5
nubes.

—Pero la ley de la oferta y la demanda . . .

—Se la deroga,[15] pues, mi amigo.

El coronel Carranza era un energúmeno.[16]

Su última ofensiva en contra de todos los poderes constituidos 10
había acabado por producir en torno suyo un silencio embarazoso.

Don Cipriano, más cetrino y cadavérico que nunca, se mordía
una guía del bigote,[17] y Goldenberg, sofocado, daba vueltas y más
vueltas a la cadena del reloj.

—Pasa un ángel . . . —dijo Anita. 15

—¡Qué ángel ni qué niño muerto! Lo que pasa . . . , es que a
nadie le gusta oír verdades —gruñó el coronel Carranza.

Se produjo otro silencio.

Anita dejó caer su servilleta, felizmente del lado de Julián.
Ambos se inclinaron a un tiempo a recogerla. Las manos se encon- 20
traron fácilmente; pero la cacería de la servilleta,[18] tal vez por
exceso de cazadores, resultó más complicada y demoró algunos
momentos.

El coronel Carranza no había encontrado, en tanto, mejor
tema que hablar de la cobardía general, subrayando sus palabras 25
con miradas poco amistosas para don Cipriano.

Éste aprovechó una pausa para decir, "sin ánimo de ofender
a nadie, que la fuerza, para que fuera respetable, debía estar cimen-
tada en el derecho".

---

[13]**triquiñuelas de derecho**   legal tricks
[14]**no se abaratarán las subsistencias**   the food supply won't be reduced
[15]**Se la deroga**   Abolish it
[16]**energúmeno**   wild impulsive person
[17]**Don Cipriano . . . bigote**   Don Cipriano, more sallow and cadaverous than ever,
   was biting his mustache
[18]**la cacería de la servilleta**   the reaching for the napkin

1   El militar prorrumpió en una carcajada sarcástica que cayó en una atmósfera de hielo.

Anita, rígida en su asiento, después de la pesca de la servilleta, extremaba sus aires de señora, y Julián, sin salir de su mutismo,
5 paseaba la mirada distraída a lo largo de la mesa de madera oscura, a la cual las flores y los pesados candelabros de plata comunicaban un aspecto funerario.

¡Aquello era un velorio![19] Y esos hombres con sus negros trajes de etiqueta parecían estar asistiendo al entierro de las «Adiós mi
10 Plata».

*   *   *

Julián, después de buscar inútilmente a Gutiérrez, volvió al hogar tarde en la noche.

La sonrisa llena de promesas de la despedida no lograba
15 borrar de su imaginación la posible hecatombe.[20] La mirada de Anita que auguraba días de dicha incomparable, se borraba para dejar sitio al mirar inquisidor y desconfiado del marido, que vaticinaba baja en las acciones.

¡Qué vergüenza! Los ojos de Anita no eran capaces de luchar
20 con los de Goldenberg . . .

Veía al hombre, gordo, repugnante, invadiendo el "boudoir" de la mujer, quitándose el cuello, mientras preguntaba con aire distraído:

—¿Te fijaste en Julián? Estaba preocupado.
25   —¿Sí?

Anita, con sus ojos de esmeralda absortos en los dibujos de la alfombra, fingiría indiferencia.

—¡Bah! Claro que está triste —diría Goldenberg.

—¡Ese infeliz debe estar especulando!
30   —¡Cómo se te ocurre!

[19]**un velorio**   a wake
[20]**hecatombe**   disaster

—¡Vamos! Él no, precisamente; Julián no tiene donde caerse 1
muerto;[21] pero el socio . . .

—¡Ah! Davis . . .

Julián estaba seguro de que en el diálogo conyugal había salido
a bailar Davis. ¡Ese Davis del cual hablaba todo el mundo! 5

—Ese hombre se ha portado mal conmigo . . .

—¿Quién? ¿Julián? Pero ¿estás loco?

—No, hija, Davis; pudo ayudarme en la sociedad aurífera, y,
en vez de hacerlo, me mandó una carta estúpida dándome consejos.
Una insolencia; pero, ¡en fin!, la vida tiene sus vueltas . . . Ahora 10
sé por Julián que "está metido" en esa calamidad de las "Adiós mi
Plata".

—¿Julián te lo ha dicho?

—¡No con esas palabras, por supuesto! Pero en su cara, en su
actitud . . . 15

—No sabe mentir, ¿verdad?

—¡Es un desgraciado! No sé cómo un hombre ducho[22] ha
podido aceptarlo como socio. Cierto es que también Davis se ha
revelado como un cándido[23] . . . Mañana le diré a Urioste que venda
unas diez mil "Adiós mi Plata". 20

De sólo imaginar una escena parecida, Julián se ponía lívido
y contraía los puños hasta hacerse sangre. Y estaba cierto, absolutamente cierto, de que eso estaba pasando así, palabra por
palabra, en casa de Goldenberg. Tal vez Anita intentaría defen-
derlo . . . Una defensa débil, para no comprometerse demostrando 25
un interés exagerado.

Acaso murmuraría.

—¿Y no perjudicarás a Julián con esa venta?

—¿A Julián? Puede que un poco. No está en mi mano elimi-
narlo de este asunto. Harto[24] le he dicho que esas acciones nada 30
valen . . .

---

[21]**Julián . . . muerto**   Julian is as poor as a church mouse
[22]**un hombre ducho**   an experienced man
[23]**un cándido**   a naive person
[24]**Harto**   Many times

1   —¡Julián es tan amigo de la casa! . . .

—Pero Davis no lo es, y el golpe va dirigido contra Davis.

—¡Samuel, no te metas en especulaciones!

Julián, paseándose nerviosamente en su escritorio, creía oír ese
5 ruego de mujer, que se embotaba inútilmente en la gordura fláccida
de Goldenberg.[25] ¡Pobre Anita! Acaso por defenderle apelaría a
todas sus armas femeninas. Tal vez se acercaría a Goldenberg,
desplegaría su coquetería de gata regalona,[26] le abrazaría —¡qué
asco!—, quizá hasta le besaría . . .
10   Al pensar en una cosa semejante, Julián sentía que el estómago
le subía como un ascensor hasta el pescuezo.

—¡Caramba! ¡Mil veces preferible que se perdiera todo, pero
Anita no se humillara en esa forma!

El aire le faltaba.
15   Se aproximó a la ventana y la abrió de par en par.

No había el más leve soplo de viento, y la luna llena se trans-
parentaba a través del encaje de los árboles desnudos.

Se tranquilizó un poco.

¡Qué absurdo! ¿Por qué había de haber sucedido todo aquello
20 entre Goldenberg y Anita? ¿De dónde sacaba semejante película
cinematográfica?

Lo más posible era que Goldenberg se hubiera ido a dormir
tranquilamente . . .

De nuevo sintió un odio incontenible. ¿Celos? Era ridículo
25 tener celos así . . .

Mil veces le había oído a Luis Alvear decir "que hay una
especie de convenio tácito[27] para no sentir celos respecto de los
maridos".

¡Qué diablos! Desgraciadamente, él no podía pensar en esa
30 forma.

Como un niño, trataba de tranquilizarse, asegurándose que

---

[25]**que . . . Goldenberg**   that would uselessly loose its force on Goldenberg's flaccid
obesity
[26]**desplegaría . . . regalona**   she would unfurl her kittenish flirtatiousness
[27]**convenio tácito**   tacit agreement

Anita, junto con irse él de la casa, había dicho a Goldenberg: 1
"¡Tengo jaqueca!", y se había ido a dormir como una monja.

Comenzaba ya a clarear cuando subió a su dormitorio.

La casa estaba sola, y, cuando quiso encender la luz del "hall",
tropezó con una silla y apoyó sus manos en un bulto blando, que 5
saltó dando un maullido.[28]

—¡Diablos! El gato . . .

El animal se erizó[29] y alzó la cola como si viera un fantasma
en la obscuridad.

A tientas, atropellándose en los muebles, Julián buscó la ba- 10
laustrada y subió. Le parecía que alguien le seguía . . .

—¿Davis? . . .

¡Dios Santo! ¿Por qué ese nombre de Davis le asaltaba?

Encendió la luz, y con el corazón palpitante como un conejo
perseguido, se metió en la cama y se cubrió con la ropa hasta los 15
ojos.

*   *   *

A las ocho de la mañana Julián estaba en casa de Gutiérrez.

Viaje perdido: "el caballero, según le dijo el mozo, se había ido
la noche antes a la quinta del señor López, en Barrancas".   20

—¿Qué señor López?

—Don Willy, un caballero joven, de Valparaíso.

Julián tuvo que morderse para no estallar en mil denuestos.[30]
¿De modo que mientras él pasaba en vela, revolviéndose en la
cama, a dos pasos de la quiebra,[31] el miserable de Gutiérrez salía 25
alegremente a tomar aire, a jugar golf y a correr en automóvil con
el primer mequetrefe que encontraba?[32]

Se fue a la Bolsa y dio mil vueltas en torno del edificio, rígido

---

[28]**un bulto . . . maullido**   a soft bundle that jumped up meowing
[29]**se erizó**   bristled
[30]**Julián . . . denuestos.**   Julian had to bite his tongue in order not to hurl out a thousand insults.
[31]**a dos . . . quiebra**   on the brink of bankruptcy
[32]**a correr . . . encontraba**   to ride around in a car with the first fool he found

1 y grave como un mausoleo. Exactamente: una tumba de ilusiones.

Faltaba sólo un cuarto de hora para la rueda, cuando, frente a la oficina de Gutiérrez, se detuvo, frenando con estrépito,[33] el auto de Willy López. Un ridículo auto "huevo" lleno de barro, desde los
5 neumáticos hasta el "capot", como un cangrejo recién sacado de la cueva.

Julián se precipitó a la portezuela.

—¿Las vendió todas?

Gutiérrez hizo un signo con los ojos, indicando que Willy
10 López les oía. Sacó la mano fuera del coche y nerviosamente cerró y extendió los dedos tres veces consecutivas.

—¿Cómo? ¿Quince? —gritó Pardo lleno de espanto.

El corredor se bajó de un salto, lo arrastró hasta la puerta de su oficina y agregó, casi en secreto:
15 —Sí, quince. Quince mil. Término medio $27. No se ha podido vender más. Bajaron mucho . . . Están a catorce y medio.

Julián sacó mentalmente la cuenta. Aun liquidando a ese precio las restantes, todavía resultaba utilidad.[34]

—¿Me quedan entonces cuatro mil quinientas?
20 —Más o menos . . .

—¿Y por qué no las vendió?

—No había mercado. El único que afirmaba el papel era Urioste.

—¿Urioste? ¿El corredor de Goldenberg?
25 —¿Por qué le extraña?

—Porque Urioste debía tener orden de vender . . .

—Claro es que era vendedor: por lo mismo trataba de mantener el precio, pidiendo un lote de diez mil dos puntos más bajo.

—¿Y Ud. no se las vendió?
30 —Compraba el lote completo. Habríamos quedado en descubierto.[35] El señor Davis tenía sólo cinco mil y . . . el mercado no está para hacer gracias[36] . . .

---

[33] **con estrépito**   screeching
[34] **Aun liquidando . . . utilidad.**   Even selling the rest at that price he would still come out ahead.
[35] **Habríamos . . . descubierto.**   We would have been overdrawn.
[36] **el mercado . . . gracias**   the market is nothing to play around with

—Si vuelve a pedirlas, déselas.   1

Gutiérrez le miró con ojos de asombro.

—Un descubierto es peligroso. El papel está en el tope,[37] es difícil que pueda bajar más.

—No importa.   5

—En todo caso habría que consultar al señor Davis.

—Tengo poder —dijo Julián con voz ligeramente temblorosa. Le repugnaba recordar esa escritura falsa, incrustada como una larva en su conciencia.

—Ya lo sé; tiene poder . . . Pero de todos modos, ¿no le parece 10 natural darle aviso por lo menos . . .? Desde aquí mismo puede hablarle por teléfono.

—¿Para qué? Yo cargo con las consecuencias.[38]

—Sí, don Julián; pero ¿qué le cuesta hablarle? Se lo pido como un servicio personal. Esto puede arrojar pérdidas muy gruesas[39] 15 . . . y después el señor Davis, tal vez a Ud. no le dijera nada . . . , pero a mí . . . ¡y tratándose de un cliente como el señor Davis!

Julián se sentía avergonzado. ¡Él no era nada para el corredor! Lo importante para Gutiérrez era Davis, sólo Davis. ¡Qué ridículo!

Sacó el reloj.   20

—Tiene tiempo. ¡Háblele Ud.! —insistió Gutiérrez. Faltaban en realidad, algunos minutos.

—Le hablaré desde mi oficina —dijo Julián en tono terco.

Gutiérrez echó una mirada a Willy López, de pie, en traje de "sport", a dos pasos de distancia.   25

—Mejor; es más discreto.

Y entró rápidamente a la oficina.

Julián permaneció un momento como alelado.[40] ¡Qué vergüenza! Tenía que pasar por la humillación de consultar a Davis.

Y salió con ánimo de andar dos cuadras y volver y decirle al 30 corredor: "Ya hablé con Davis; dice que le venda las diez mil".

No había andado cuatro pasos, cuando vio a López a su lado.

---

[37]**El papel . . . tope**   The stock has hit a threshold
[38]**Yo . . . consecuencias.**   I will be responsible for any consequences.
[39]**Esto . . . gruesas**   This thing can yield heavy losses
[40]**alelado**   stupefied

1 —Señor Pardo, disculpe la impertinencia; pero . . . , creo que tratándose de personas como Ud. y como yo, la presentación no es necesaria . . .

Saludó; no había remedio.

5 —Sin duda Ud., señor Pardo, conocerá a mi tío el senador Almarza, que organizó el negocio petrolífero . . .

—No tengo el gusto.

—No importa: él conoció mucho al señor Davis en Arica . . .

10 Julián abrió tamaños ojos.

—¿Cómo?

—Sí, al señor Davis. No tenía entonces la situación que tiene ahora, ¡claro está! Le "conoció naranjo",[41] como él dice.

—No puede ser.

15 —¡Ah, don Julián! Mister Davis tal vez no le ha hablado nunca de esos tiempos. Los hombres cuando suben . . .

Julián estaba desesperado. Los minutos volaban y aquel muchacho repelente, con su traje de color heno y sus anteojos de tortuga, se adhería a él como una lapa.[42]

20 —Otro día conversaremos —dijo—. Ahora tengo que hablar urgentemente por teléfono.

—¡Haberlo dicho antes, don Julián! Pasemos al escritorio de Morales. ¿No conoce Ud. a Morales, el abogado de la Chilean Company?

25 ¡Aquel maldito petimetre conocía a todo el mundo!

—Prefiero ir a mi oficina.

—Le queda demasiado lejos. ¿No es en la calle Huérfanos?

—¡No me hace![43]

—Bueno; entonces le acompaño.

30 Julián bajó la cabeza con la rabiosa desesperación de un novillo uncido por primera vez al yugo,[44] y comenzó a caminar entre la lluvia de preguntas del intruso.

---

[41]**Le "conoció naranjo"** He knew him when he was just starting out
[42]**se adhería . . . lapa.** he was sticking to him like a leech.
[43]**¡No me hace!** It doesn't matter to me!
[44]**un novillo . . . yugo** a young steer hitched to the yoke for the first time

—¿Conocerá Ud. tal vez a Félix Morla? ¿Y al gerente de la 1
Empresa de Alumbrado? ¿No? ¡Qué curioso! ¿Tampoco ha sido
amigo de don Luis Peralta?

Como un náufrago que divisa una vela en mitad de la tormenta, Julián vio cerca de la esquina el cuadrito blanco de latón 5
que interrumpía la línea de los edificios con la inscripción sal-
vadora: Teléfono público.

—Voy a entrar aquí —dijo.

—Le espero.

—Tal vez voy a demorarme . . . 10

—¡Bah! No tengo nada que hacer por el momento.

Julián pidió comunicación con Valparaíso y luego inventó un
número cualquiera: el 3420.

—Aló, aló, ¿está el señor Davis? . . . Bien . . . Habla con Pardo.
Sí. Perfectamente. Así se lo diré a Gutiérrez. Muchas gracias. 15

Le repugnaba fingir de esa manera, pero ¡qué iba a hacerle!
Willy López estaba de centinela detrás de la puerta.

Cortó la supuesta comunicación[45] y habló auténticamente,
¡qué descanso!, con Gutiérrez.

—Davis acepta. Proceda rápidamente. 20

Y salió resuelto a afrontar el horrible cuestionario de su vigilante.

Willy López se había ido. Encerrado en la portería del Club
de la Unión, buscaba en esos momentos con paciencia benedictina
en la guía de teléfono a qué dirección correspondía el 3420 de 25
Valparaíso.

No almorzó.

Sólo a las cuatro de la tarde dio con el enigma.

El número 3420, la dirección de Davis, correspondía nada
menos que a un liceo de niñas.[46] 30

¡Aquello era de volverse loco!

---

[45]**Cortó . . . comunicación**   He cut short the feigned conversation
[46]**un liceo de niñas**   a secondary school for girls

1
Capítulo 13

Hacía apenas dos semanas que Julián, en un rapto de desesperación, había dicho al corredor: "liquide", en la esperanza de cortar
para siempre con el socio, y he aquí que ahora se sentía unido a
5 Davis más que nunca.

La nueva operación "en descubierto" lo ataba a él en una
forma extraña. La venta de esas acciones que no tenía ninguno de
los dos, que carecían de realidad objetiva, que nadie sabía dónde
estaban, era una operación digna de Davis. El socio que no existía,
10 vendía también acciones que tampoco existían.

La descabellada observación provocó en Julián una impresión
de escalofrío . . .

¡Un socio que no existía; acciones que no existían . . . ! Comenzaba a moverse en un ambiente irreal y absurdo . . . Los flacos
15 brazos de Davis parecían emerger del misterio, de la sombra, de la
nada y oprimirlo estrechamente.

—Mr. Pardo. ¿Por qué me odia? Soy su socio; le he hecho
ganar dinero a manos llenas . . . ¿Se avergüenza Ud. de mí?

Realmente no había ningún motivo serio para esa repugnancia
20 involuntaria que Julián venía experimentando por su socio.[1]

Era injusto, había que reconocerlo. ¿Quién sino él era el culpable de que Davis existiera? En verdad, él lo había creado . . . Era
una especie de padre intelectual de Walter Davis. El hijo había
salido comerciante, hacía negocios, lo obligaba a guardar cierta
25 reserva, más aún, a ocultar su verdadera personalidad. Porque, es
claro, si Julián decía francamente que Davis no existía, todo el
castillo de naipes de su vida se desmoronaría como por encanto;[2]
pero no hay código que obligue a un padre a declarar la verdad en
contra de su hijo.

30   ¿Por qué entonces esa repugnancia, ese temor para confesar

---

[1]**Julián . . . socio**   Julian was experiencing because of his partner
[2]**todo el castillo . . . encanto**   the whole house of cards that made up his life would
collapse as if by magic

a Davis frente a frente? Procedía como un desnaturalizado que 1
niega a su propio vástago[3] . . . Si obrara de otro modo, si reconoci-
era a Davis, si lo despojara de ese absurdo aspecto sobrenatural
para considerarlo simplemente como un hecho, si hablara de él
serenamente como Goldenberg, como Gutiérrez, como Anita, ¿no 5
estaría más tranquilo?

Sí; debía cambiar de proceder.[4] Por otra parte, Davis no era
un hijo fracasado; seguía con una suerte asombrosa en los negocios.
Las últimas especulaciones habían duplicado su fortuna.

Además, Julián había comenzado, hasta cierto punto, a con- 10
versar con más soltura de "su socio".

Esa misma tarde, don Fortunato Bastías había llegado a la
oficina ojeroso[5] y angustiado.

—Vea lo que son las cosas, don Julián. El señor Goldenberg
me cedió hace días, cinco mil "Adios mi Plata"; me dijo que el 15
señor socio de Ud. especulaba en ese mismo papel y le acepté el
negocio a ojos cerrados. Ahora estoy perdiendo la camisa . . . ¿Qué
hago, don Julián?

¡Pobre Bastías! Como siempre, era la víctima de Goldenberg.
El terrible comerciante se aliviaba[6] a costa de su socio. El "des- 20
cubierto" de Davis caía con la fatal inconsciencia de una teja en
la cabeza inocente de Bastías.[7] ¿Cómo salvarlo?

—Yo le prometo absoluta reserva, don Julián. Sé muy bien
que, como socio del señor Davis, no puede decirme nada; pero
puede presentarle mi caso al señor Davis . . . Él es rico, cinco mil 25
acciones, ¿qué son para su fortuna? . . . y él tiene buen corazón y
puede ayudarme.

Julián se conmovió.

---

[3]**Procedía . . . vástago**　He was acting like a cruel parent that denies his own
offspring (Note that "desnaturalizado" means cruel in the sense of not following
natural parenting instincts.)
[4]**debía . . . proceder**　he ought to modify his behavior
[5]**ojeroso**　with dark circles under his eyes
[6]**se aliviaba**　was getting out of a jam
[7]**El "descubierto" . . . Bastías.**　Davis' overdraft (his selling of nonexistent shares)
was causing the roof to fall in on Bastias.

1   —No es necesario consultarlo. Tengo autorización para estos
casos. Prométame, eso sí, no decir una palabra a nadie . . . ,
¿entiende? . . . Voy a decirle la verdad: Davis ha vendido todas sus
"Adiós mi Plata".
5   Don Fortunato le abrazó.
       —Gracias, don Julián, mil gracias . . . Es usted mi salvador.
¡Dígale al señor Davis que no tengo cómo pagarle ese servicio!
       Al día siguiente, Pardo recibía un telegrama de Mulchén:
       "Por tren de cuatro va un caballo para el señor Davis. Ruego
10 entregárselo.   Pídale   lo   acepte   como   humilde   muestra
agradecimiento. Bastías".
       El caballo de Davis fue para Julián un verdadero conflicto.
¿Qué hacer con él? ¿Dónde meterlo?
       Comprendió que no podía seguir en esa forma. Con la fama
15 de las últimas especulaciones, no había día en que no llegara a su
oficina algún individuo preguntando la dirección del señor Davis,
o deseando hablar con él, o llevándole una oferta de negocios.
       Era preciso tomar otra oficina. ¿Aparte? No; de ningún modo.
¿Quién sino Julián podría atenderla? . . . Pero una oficina grande,
20 amplia, bien amueblada que correspondiera a la verdadera situación de Walter Davis . . .
       Además era preciso tomarle una casilla en el correo.[8]
       Con paso rápido se dirigió al centro, dio orden de buscar
oficina, tomó el apartado número 2413 y mandó grabar la im-
25 ponente plancha de bronce:

DAVIS Y CIA.
CORREDORES

---

[8]**casilla en el correo**   post office box

Capítulo 14

Cabizbajo, con las manos en los bolsillos y la mirada distraída, Julián reflexionaba, tropezando metódicamente en el tapiz que adornaba un extremo de la sala.

Como las balas, los obuses, las flechas y todos los proyectiles 5 más o menos mortíferos —pensaba—, el amor tiene también su trayectoria. Vuela, se eleva; se pierde entre las nubes, parece que va a tocar el cielo . . . choca de pronto en un objeto extraño — verbigracia este diván—,[1] y cae pesadamente a tierra . . . En la cúspide hay siempre una "garçonnière" con un diván.[2]   10

Julián encendió un nuevo cigarrillo, vio por centésima vez la hora; ¡las seis y media y Anita aún no llegaba!, y siguió el curso de sus meditaciones:

¡El amor! Es claro que no se trataba de ese amor austero, heroico, zaparrastroso y resignado como un veterano del 79,[3] con 15 su hoja de servicios y sus galones —civil y religioso— un tanto deslustrados por los años . . . El de Anita era:

> . . . *Ese amor ligero, ese amor que no deja*
> *más que frufrú de encajes y seda que se aleja*[4] . . .

¿Empezaría a declinar? ¡No era posible!   20

Sabía ciertamente que el amor tiene una trayectoria ineludible, un programa que se cumple con más regularidad que el de los cines.

Primero, las miradas; luego, las manos; después los besos a escondidas . . . ¡Ah, si no fuera por esa salsa algo picante del peligro, del temor a la sorpresa del marido, todos los besos tendrían 25 un sabor muy semejante!

Tal vez por lo mismo, esos besos, tan condimentados, como la comida de un restaurante, no son para mucho tiempo . . .

---

[1] **verbigracia este diván**   for example this divan
[2] **En la . . . diván.**   At its peak there is always a bachelor apartment with a divan.
[3] **zaparrastroso . . . 79**   shabby and resigned like a veteran of 79 (Reference is made here to the Chilean veterans of the War of the Pacific.)
[4] **frufrú . . . aleja**   the rustling of lace and silk moving away

1   En todo caso la trayectoria no termina allí. Sigue el período
de los sueños.

—¿Sabes? Anoche soñé que mi marido se había ido a Europa,
y estábamos los dos bien abrazados . . . , pero portándonos muy
5 bien, ¿entiendes? . . .

Después viene el período maravilloso, la cúspide, el cenit:

—No sé lo que me pasa, pero me siento tuya, tuya . . . ¡mi
marido me da tanta repugnancia! . . .

Anita se lo había dicho así, con esas propias palabras, el día
10 antes: ¿por qué, entonces, no llegaba?

Julián arrojó distraídamente la colilla en un viejo "potiche"
chino,[5] regalo de Anita para "el nido"—no se es cursi a medias en
estas circunstancias—y encendió otro cigarrillo.

Sin duda alguna a Anita le había sucedido algún percance.
15 Quizá Goldenberg . . . , quizás una visita inoportuna . . .

Se acercó al amplio diván que se tendía con indolencia musul-
mana en un ángulo obscuro de la sala, al lado de un taburete que
ostentaba en amable compañía una botella de oporto, un narghilé
y un paquete de alfileres.[6]

20   El elemento artístico y decorativo era el narghilé, y, ¡qué
prosaico resultaba con su aspecto de florero de cristal y su larga
tripa roja!

Parecía un pequeño jarrón despanzurrado[7] que alargara el
cuello con horror para no ver sus propios intestinos. Hasta esa
25 boquilla negra y larga en que terminaba la sonda de caucho[8] era
de un prosaísmo insoportable. Un irrigador pensativo. Eso era
aquello. En Arabia tal vez el narghilé fuera decorativo: el depósito
de cristal pintarrajeado,[9] el mismo tubo de goma, disfrazado bajo

[5]**Julián . . . chino**   Julian absent-mindedly tossed the cigarette butt into a tall old
Chinese porcelain vase
[6]**Se acercó . . . alfileres.**   He approached the large divan that seemed to sprawl
out with the indolence of a Mohammedan, in a dark corner of the living room next
to a stool that conspicuously displayed the charming arrangement of a bottle of
port wine, a Turkish pipe and a package of fancy pins.
[7]**jarrón despanzurrado**   a jar with its belly ripped open
[8]**sonda de caucho**   rubber catheter (like a rubber pipe)
[9]**pintarrajeado**   gaudily colored

las sedas que se cruzan en un tejido de culebra. Una serpiente 1
surgiendo de un búcaro de flores. Bien; ¡pero aquí! . . .

Entretanto pasaban los minutos y Anita no llegaba.

Julián comenzó a arreglar prolijamente los cojines para darles
cierto aspecto de despreocupación.   5

En la mampara[10] se oyeron unas pasitos precipitados y nervio-
sos:

—¡Anita!

Entraba toda azorada,[11] tratando de libertarse del sombrero
que le cubría hasta los ojos.   10

Se abrazaron.

—¡Al fin! ¿Qué te ha sucedido?

¿Qué? El estúpido de Willy López me encontró en una calle
atravesada y comenzó a seguirme en automóvil. ¿No sabes que se
cree detective? Me vi obligada a dar cincuenta vueltas y meterme 15
al consultorio de un dentista. Le dije que me había equivocado;
pero el hombre estaba empeñado en atenderme. Cuando salí, Willy
López estaba todavía en su automóvil. Tuve que volverme a casa;
pero ¡mira!

Alzaba con aire de triunfo un pequeño rollo de papeles: 20

—¿Qué es eso?

—¡Bah! Figurines . . . El nidito no puede estar a la intemperie[12]
. . . Es preciso un "camouflage", y yo he pensado: ¿por qué no
instalar aquí una modista? Sería mucho más discreto.

—¿Cómo?   25

—Una modista . . . , una modista francesa . . .

Julián frunció el entrecejo.[13]

—Inventada, hijo, se comprende . . . ¿Ves? "Madame Duprés,
Modes" ¿Te das cuenta?

Y ante los ojos atónitos de Julián, Anita extendió varios re- 30
cortes con modelos arrancados al "Chiffons" y al "Vogue", y una
hoja de papel escrita por ella misma en gruesos caracteres:

---

[10]**En la mampara**   On the other side of the door
[11]**azorada**   bewildered
[12]**El nidito . . . intemperie**   The little love nest can't be left exposed
[13]**Julián . . . entrecejo.**   Julian frowned.

1

MADAME DUPRES

MODES

Corrió como una colegiala a la ventana y deslizó entre el
vidrio y los visillos los figurines y el anuncio.
5 —¡Tonto! ¿No lo hallas ingenioso?
Y le besó en los labios.
La lámpara chinesca, los cojines, el narghilé bailaron una
danza cubista.[14] Todo el trabajo de arreglo del diván desapareció
en pocos instantes y Julián no vio ya sino los ojos entornados de
10 Anita, sus labios entreabiertos y las alas de su nariz que palpitaban
con un latir de corazón.

*   *   *

Horas después, al salir, con el cuello del sobretodo hasta la boca
y las manos en los bolsillos, Pardo no pudo dejar de detenerse ante
15 la ventana de visillos verdes en los cuales se destacaban algunos
figurines y un cuadro de papel.
La indecisa claridad de la calle permitía aún adivinar los
angulosos caracteres del aviso: "Madame Duprés, Modes".
Permaneció algunos segundos como clavado en la acera.
20 Esa sencilla hoja de papel le evocaba una severa e imponente
plancha de bronce: "Davis y Cía. Corredores". Esa Madame
Duprés que no existía, ¿sería acaso la mujer de Davis?
Apretó el paso y se perdió en las sombras. Habría jurado que
la puerta de la "garçonnière" se había abierto y que alguien lo
25 llamaba desde lejos:
—¡Psch! ¡Psch! Míster Pardo, ¿con qué derecho sale Ud. de la
casa de mi amiga?

---

[14]**La lámpara . . . cubista.**   The Chinese lamp, the throw-pillows, and the narghile
(Turkish pipe) performed a cubist dance.

Capítulo 15

¡Qué alegre era la nueva casa! Un "cottage" del más puro estilo inglés, con sus ventanas azules que se abrían con el ingenuo asombro de unos ojos de "miss" bajo las revueltas crenchas de las enredaderas![1]

—¡Hija de Davis al fin! —pensó Julián—, ¡ha heredado los ojos de su padre!

El recuerdo del socio, sin abandonarlo un instante, no le molestaba ya como antes. Se había familiarizado poco a poco con "ese hombre" a quien debía su prestigio comercial, su bienestar y sobre todo esa casita, tan distinta de la sombría y triste que antes ocupara . . .

Había sol, mucho sol en el jardín. Los rayos, al filtrarse entre las hojas, dibujaban en el suelo una infinidad de discos áureos como monedas esterlinas.[2] Oro, mucho oro. No parecía sino que el propio Davis, trepado[3] como un mono en lo más alto del follaje, se divirtiera en lanzar libras[4] y más libras a las plantas de su socio.

En una silla de mimbre,[5] bajo un tilo,[6] Leonor tejía maquinalmente, con los ojos llenos de ternura fijos en el chico, más repuesto, según ella, que jugaba a dos pasos de distancia con su juguete predilecto: un "alefante".

Un elefante . . . , que le había obsequiado[7] el señor Davis. Porque Davis hacía ahora regalos.

Su excentricidad de inglés no le había permitido aún ir a casa de su socio. El comedor, con su friso de madera[8] y sus platos de

---

[1] **con sus ventanas . . . enredaderas**   with its blue windows that opened, with the naive astonishment of a young girl's eyes, under the vines that were like unevenly parted hair
[2] **discos . . . esterlinas**   golden discs that were like sterling coins
[3] **trepado**   perched
[4] **libras**   British pounds
[5] **silla de mimbre**   wicker chair
[6] **tilo**   linden tree
[7] **obsequiado**   from **obsequiar:**   to give a gift
[8] **friso de madera**   wooden ceiling border

1 mayólica, le esperaba con tanta curiosidad como Leonor; pero después de cada invitación, llegaba sólo una tarjeta, muy amable, pretextando mil excusas, y un enorme ramo de claveles blancos. ¡Los claveles que le agradaban a Leonor!

5   A ella misma había terminado por hacérsele simpático.

—¡Qué aficionado parece Davis a las flores, y qué artista es para elegirlas! —decía a veces a Julián.

Y cuando éste se hallaba con Luis Alvear y llegaba a la casa cerca del amanecer, siempre "por culpa de ese loco de Davis, que 10 tiene la manía de trabajar de noche", al día siguiente era seguro que el socio enviaba a Leonor una esquela[9] con disculpas "por haber retrasado a su marido" y un estuche con una alhaja rara,[10] recuerdo de un marajah o de un caudillo persa.

—¡Excentricidades! . . . No hay más que aceptarlas . . . Davis 15 tiene la obsesión de los regalos.

—Cree que con ello lo compone todo. Preferiría menos joyas y que te dejara volver a casa más temprano.

—Hija, ¡qué le vamos a hacer! Son originalidades . . .

Leonor se daba por vencida[11] y comentaba sonriente:

20   —¡Es un inglés muy divertido! Tan amable por escrito y no es capaz de asomar las narices[12] a esta casa . . .

—No pierdes nada con no conocerle. Flaco, largo, con sus anteojos de carey, su mandíbula saliente y un gesto de displicencia entre los labios, Davis no tiene nada de atrayente.

25   —Pero su conversación debe ser interesante. ¡Un hombre que ha viajado tanto! . . . Don Ramiro me contó hace días que, según le había oído a la mujer de Goldenberg, Davis tuvo unos amores estupendos en Constantinopla y se raptó nada menos que a la favorita de un pachá[13] . . .

30   —¡Leyendas, hija; leyendas! ¿No sabes que Anita es la mujer más fantástica del mundo?

[9]**esquela**   a short letter
[10]**un estuche . . . rara**   a case with a rare gem
[11]**Leonor . . . vencida**   Leonor would give in
[12]**no es capaz . . . narices**   he does not dare show his face
[13]**pachá**   pasha (title of rank or honor in certain Eastern countries)

—Tal vez por eso te interesa tanto . . .   1
Julián se puso serio.
—¡Leonor! ¿Hasta cuándo vas a embromarme con Anita?
—Yo no he dicho nada. Tú eres el que te das por aludido.[14]
Por lo demás, fue don Ramiro quien me contó toda esa historia   5
. . . Me parece que un gerente de Banco, un hombre respetable, es
digno de algún crédito.

Don Ramiro era desde algunos meses atrás la pesadilla de
Julián. Iba a la casa con Graciela —menos mal cuando no los
acompañaba Luis Alvear—, y le hacía toda clase de ofertas de   10
negocios.

—Ya sabe Ud., don Julián, que tratándose del señor Davis, el
Banco está a su disposición. Me gustaría mucho contarlo entre mis
clientes. Manifiésteselo así de mi parte. Si necesita dinero para
"hacer postergaciones",[15] no tiene sino que decírmelo. Ahora, si el   15
señor Davis desea comprar libras . . . , o dólares . . . en fin, cualquier
operación . . . , que vaya al Banco. Tendré muchísimo gusto en
atenderlo.

Julián, fingiéndose muy agradecido, le prometía transmitir a
Davis sus ofrecimientos, pero don Ramiro no se daba por satisfe-   20
cho.

El día anterior le había dicho:

—El Banco, naturalmente, no especula. Como institución, no
puede especular. Pero los directores son hombres de fortuna y
constituyen por sí solos un grupo financiero respetable. Ahora bien,   25
en un Banco se presentan a veces oportunidades . . . Quizás el señor
Davis podría en un momento dado —para una operación segura,
se entiende—, necesitar del concurso de otros capitalistas, y en tal
caso, yo podría presentarle a esas personas. Como Ud. sabe, un día
a la semana el directorio y algunos hombres de negocios almuerzan   30
en el Banco. Son reuniones muy simpáticas, ¡y lucrativas, créamelo
Ud.! ¿No podría pedir al señor Davis que asistiera al almuerzo del
jueves?

---

[14]**Tú . . . aludido.**   You are the one that is taking it personally.
[15]**hacer postergaciones**   to delay the sale of stock

1   —¡Las cosas de don Ramiro! —decía Leonor, mezclándose en el diálogo—. ¿No sabe que Davis rechaza todas las invitaciones?

    —Sabía que era un poco misántropo.[16]

5   —Excepto para beber whisky a las dos de la mañana . . .

    —Leonor, ¡no hables de ese modo!

    —¿Es vividor? ¡Qué simpatía! —exclamó Graciela—. ¡Con razón Anita . . .!

    Pero al ver a Julián no continuó la frase.

10   Esa interrupción violenta de Graciela era una espina clavada en el cerebro de Julián: Anita hablaba de Davis; Anita pensaba en Davis. ¿Le interesaba acaso?

    Más de una vez le había dicho que deseaba conocerlo; pero ¿qué podría ser aquello que "con razón Anita . . ." pensaba, creía

15 o sentía con respecto a Davis?

    ¡No! ¡Aquello era demasiado absurdo!

    Por la vigésima vez esa mañana de sol en que todo invitaba al optimismo, Julián rechazó la idea que trataba de posarse con la insistencia de una mosca en sus recuerdos. ¡Al diablo las preocu-

20 paciones!

    La suerte le sonreía, estaba rico, al niño se le veía más alegre. Leonor estaba encantada con la casa. Las únicas molestias eran los chismes, los empeños, las preocupaciones que, salvando la verja de ladrillo rojo cubierta de rosales multiflor, entraban desde la calle

25 y se colaban como lagartijas.[17] Los veía asomar sus hociquillos jadeantes entreabiertos en una mueca de burla.[18]

    ¡Ah, si pudiera cerrar a piedra y lodo aquella casa! Levantar en torno de ella un muro más impenetrable que la Gran Muralla

---

[16] **misántropo**   antisocial

[17] **Las únicas . . . lagartijas.**   The only bothersome things were the gossip, the obligations, the worries, things that, jumping over the red brick wall covered by roses of many colors, entered from the street and positioned themselves like lizzards.

[18] **Los veía . . . burla.**   He would see them stick out their half-open panting little snouts in a gesture of ridicule.

y gozar del sol como mandarín[19] viejo recostado anacrónicamente
en una mecedora o una hamaca . . .

    Una muralla alta . . . pero ¿y Anita?

    Bueno; sería preciso dejar en todo caso una gatera[20] . . .

Capítulo 16

    Tres meses después todos los propósitos de aislamiento habían
fracasado. La muralla china que no tenía otra falla en su cimiento
que esa pequeña gatera que comunicaba con el resto del mundo se
había derrumbado con estrépito. Goldenberg, con su cabeza ar-
mada y formidable como un ariete[1] antiguo, la había ido socavando
poco a poco.[2]

    Todos los días, con un pretexto o con otro, iba a hablarle del
espléndido negocio que podría significar al señor Davis la compra
de un "lotecito" de acciones de la "Aurífera El Tesoro".

    —Van a subir como la espuma —le decía—. El valor de
suscripción es media libra, pero nadie quiere vender a ese precio.
Están con "premio".[3] El día que salgan a la Bolsa no las logrará
obtener con menos de diez o quince puntos de alza; sin embargo,
no debe vacilar. El papel aún a ese precio está botado.[4] Tengo mis
razones para asegurárselo.

    ¡No iba a tenerlas! Desde hacía dos semanas Goldenberg no
había hecho otra cosa que combinar con Urioste una serie de

---

[19]**mandarín**   a Chinese

[20]**gatera**   a cathole (so that Anita, whom he had compared to a cat, would come
in.)

*****

[1]**ariete**   battering ram

[2]**la había . . . poco**   he had been chiseling away at it (the wall of isolation) little
by little

[3]**Están con "premio".**   They are underpriced.

[4]**El papel . . . botado.**   The stock is a steal at that price.

1   compras y de ventas destinadas a hacer subir los títulos a cincuenta
pesos . . . "Sin transacción si era posible, para pescar al público
sobre calientito".[5] Después . . . "Vender, vender sin miedo, que ya
habría tiempo para comprarlas más baratas".

5   Por cierto que estas instrucciones no podía contárselas a
nadie.

A Julián se contentaba con decirle:

—Compre, compre. Aconseje a Davis que no pierda una ocasión tan favorable . . .

10   Y Julián había caído en el garlito.[6]

—Muy bien, Samuel —había dicho por fin, ya fatigado—. Le
diré a Davis que compre cinco mil.

En el fondo no se necesitaba de tanta insistencia. De todos
modos estaba resuelto a entrar en el negocio. Hasta ahí, había
15 especulado a pura suerte. No creía una palabra en las Auríferas,
pero creía en Goldenberg, mejor dicho, creía que éste era capaz de
hacerlas subir a toda costa. Cinco o diez puntos de ganancia nada
más . . ., y después, ¡muy buenas tardes!,[7] y no volvería a asomarse
a la Bolsa.

20   Satisfecho, jugando con el diario que traía precisamente la
noticia de la salida del nuevo título aurífero al mercado, fue a tomar
el automóvil. Un magnífico Cadillac de turismo que asomaba sus
ojos de langosta bajo las enredaderas del garaje.[8]

¡Qué agradable la mañana fresca y risueña que se estrellaba en
25 el parabrisas y parecía inundarle los pulmones!

En las esquinas, los chalets se volvían a mirarlo.

Las ruedas semejaban ir enrollando en sus ejes la blanca cinta
del camino,[9] y a ambos lados, los árboles, cabezudos y grotescos,
con aires de burgués recién salido de la peluquería, parecían ale-

---

[5] **para pescar . . . calientito"**   in order to strike while the iron was hot
[6] **garlito**   fish trap
[7] **¡muy buenas tardes!**   I'll take my leave!
[8] **que asomaba . . . garaje.**   whose lobster eyes (the headlights of the car) were
sticking out from under the vines of the garage.
[9] **Las ruedas . . . camino**   The wheels seemed to be rolling up the white ribbon of
highway on their axles

jarse secreteándose: "Ahí va don Julián". "Ahí va don Julián 1
Pardo".

Era agradable.

—La riqueza es una forma de la gloria—pensó Julián sin
atender mucho al volante—. Ciertamente que el amor, la fama y 5
el talento pueden proporcionar algunos goces; pero esta admiración estúpida de los hombres, las mujeres, y hasta los árboles ante
esa cosa aun más estúpida que es el dinero, tiene un encanto de
índole especial. Y es que el oro es una manifestación del triunfo.
Un millonario es un poeta de las cifras. Es natural que despierte 10
interés, que se le trate de conocer, que se le admire . . .

—¡Chist! ¡Chist! ¡Alto!

Detuvo maquinalmente el automóvil.

En la esquina, Willy López, con un sobretodo inglés inverosímil, extendía los brazos en semáforo. Un señor gordo y rojizo 15
como un jamón de York, le acompañaba.

—¡Alto!

Julián aproximó el auto a la acera.

—¡Buenos días!

—Discúlpame que te haya detenido —Willy López le trataba 20
ya de tú—. Voy a presentarte a don Pascual Ward, gerente de la
West Copper Company.

Y señalando a Julián:

—El socio de míster Davis.

El gordo extendió la mano. 25

—De modo que tengo el gusto de conocer a mister Negrete.

—Pardo —corrigió Julián.

—¡Ah! ¡Sí! Pardo —dijo el señor Ward, para quien Pardo o
Negrete no tenían una gran diferencia de color o de importancia.

—Créame que he tenido un gran gusto de conocer a una persona 30
que trabaja con un hombre tan notable, y que, además, es compatriota. En Nueva York he conocido a varios Davis. Él es norteamericano ¿verdad?

—¡Inglés! —respondió Julián, y puso en marcha el coche.

Llegó indignado a la oficina. "El socio del señor Davis". "El 35
que trabaja con el señor Davis".

Capítulo 17

Aunque Davis no iba nunca a la oficina, no escaseaban los más curiosos visitantes.[1] Tipos raros que venían a proponer al señor Davis un negocio más o menos complicado; inventores, de rostro pálido y ojos febriles, que pedían una ayuda para llevar a cabo su descubrimiento, destinado a utilizar la fuerza motriz de los temblores o a reemplazar el petróleo con una mezcla de dinamita y aguardiente en los motores a explosión; viudas "vergonzantes" que ofrecían en venta unos zarcillos de esmeralda[2] o un cuadro "que estaba más de cien años en poder de la familia", porque sabían que el caballero "gustaba mucho de las antigüedades".

Hacían largas antesalas.

A pesar de que el mozo, con toda la arrogancia de su uniforme verde oliva, afirmaba rotundamente que el señor Davis no vendría, insistían en esperarlo "por si acaso . . ."

Julián se desesperaba. ¿De dónde diablo sacaba Davis esos clientes?

Entre ellos no faltaban ciertamente algunos hombres razonables; pero eran los menos.[3]

En vano Pardo trataba de atenderlos. Todos, sin excepción, querían hablar personalmente con el señor Davis.

Le dejaban cartas, planos y papeles. La casilla 2413 también estaba repleta de peticiones y prospectos.

Para despachar esa correspondencia, Julián tenía que ir de noche a la oficina.

Él era el único que entraba a ese sancta sanctorum, donde Davis tenía su papel timbrado, sus sobres con membrete y una enorme cachimba de espuma de mar, emboquillada en ámbar,[4] que

---

[1] **no escaseaban . . . visitantes**   there was no lack of weird visitors
[2] **zarcillos de esmeralda**   emerald earrings
[3] **eran los menos**   they were in the minority
[4] **su papel . . . ámbar**   his personalized stationery, his envelopes with return address and a large pipe made of meerschaum (a fine white claylike mineral used especially for making tobacco pipes, cigar holders, etc.) with an amber mouthpiece

Luis Alvear se había empeñado en regalarle, en agradecimiento a   1
algunos datos transmitidos por Julián, para "hacerse grato al
gringo".[5]

No era por cierto el único provecho que Luis sacara de Davis.
En más de una ocasión, frente al mesón de un bar o en medio de   5
una juerga, Julián había sentido subírsele la sangre al rostro al oír
al bohemio incorregible hablar de Davis con intimidad:

—"¡Mozo, otra Roederer[6] por cuenta de Mr. Davis!"; o bien:
"Niñas, atiendan mucho a este señor, que es socio de un inglés muy
rico. ¿Quieren conocer al gringo? Cualquier día se lo traigo".   10

La oficina, sobria y amplia, como todas las piezas que perma-
necen siempre solas, tenía un vago ambiente de misterio.

Inútilmente Julián había colgado de los muros, planos y cuadros estadísticos. Desordenaba los papeles que había sobre el escritorio y dejaba caer manchas de tinta en el papel secante,[7] para   15
infundir una impresión de vida, un aire menos adusto a aquella
sala.

Hasta la estufa parecía enfriarse en esa atmósfera.

Cuando en la noche —única hora que los clientes de Davis le
dejaban libre—, Julián entraba furtivamente a la oficina para contes-   20
tar el fárrago de cartas de su socio, un extraño pavor le dominaba.
Los carbones de la estufa le parecían huesos calcinados, y la caja
de fondos[8] proyectaba un ataúd de sombra en la muralla.

Al estampar la firma Walter R. Davis, al fin de cada carta,
temblaba como si estuviera ante los ojos miopes del notario.   25

Le parecía que había perdido su personalidad, que no era el
mismo, y se palpaba el cráneo y las mandíbulas . . .

Hablaba algunas palabras en voz alta . . . No, no tenía acento
inglés, pero los pómulos, los pómulos ¡se parecían tanto a los de
Davis!   30

Entonces se levantaba e iba a verse en el espejo del lavabo.

---

[5] **"hacerse . . . gringo"**   to ingratiate himself with the Englishman
[6] **Roederer**   a brand of champagne
[7] **papel secante**   blotter
[8] **caja de fondos**   strongbox

1   Temblaba al divisar el cristal[9] en cuyo fondo oscuro temía ver
de un momento a otro la silueta larga y amarillenta del inglés.
Luego, al mirarse, se tranquilizaba.
¡Era él mismo! ¡Gracias a Dios! ¡Era él mismo! Su rostro
5 enjuto, su nariz ligeramente curva, sus labios pálidos, su cabello
escaso, sus ojos tristes y cansados de hombre enfermo . . . ¡Cómo
había empalidecido en esos meses!
—¡La escritura —pensaba Julián—, la maldita escritura de
poder!
10   Luego volvía a sentarse, suspiraba y continuaba el despacho
de la correspondencia.
Ya no era socio. ¡Qué iba a serlo! Era el secretario de Davis,
¡su amanuense![10]
Se sentía envilecido y explotado.

15   **Capítulo 18**

Hasta la oficina llegaba el rumor de mar de la Bolsa de Co-
mercio. Llegaban también los náufragos.
¡Bien estaba Julián para entregarse al salvataje![1]
El mismo manoteaba desesperadamente por escapar del
20 remolino.[2]
Cinco mil, siete mil, diez mil "Auríferas" compradas, y el
teléfono de Gutiérrez no cesaba de anunciar calamidades.
—El mercado muy revuelto. Han bajado seis puntos. Parece

---

[9]**Temblaba . . . cristal**   He would tremble upon seeing the glass
[10]**amanuense**   clerk

*****

[1]**¡Bien . . . salvataje!**   Julian was in no condition to take on the rescue of others.
(Note the author's use of sarcasm.)
[2]**El mismo . . . remolino.**   He himself was flailing away trying desperately to escape
the whirlpool.

que hay gruesas órdenes de venta. Urioste defiende algo el papel; ₁
pero yo creo que es el propio Goldenberg quien está vendiendo
. . . , salvo que sea el señor Davis . . . Pregúntele, en todo caso, qué
hacemos.

—Esperar . . . , esperar . . . —decía Julián, y crispaba las ₅
manos.

Los contertulios, al ver el rostro de Pardo, se incorporaban
alarmados en sus asientos:

—¿Qué pasa?

—¿Qué sucede? ₁₀

—Nada . . . , poca cosa . . . , fluctuaciones del papel . . .

Don Ruperto Maza, director del Banco Anglo-Argentino, se
mascaba furiosamente la punta del bigote, y el coronel Carranza,
otro a quien Goldenberg había hecho entrar "por especial deferencia"³ en el negocio, dejaba caer su puño formidable sobre el ₁₅
escritorio.

—¡Ladrones! ¿Qué corredor es el que vende? ¡Hay que meterle
un par de tiros! Hay que hacer un escarmiento . . . Yo no sé cómo
el Gobierno no fusila a estos badulaques. La Bolsa es para comprar,
no para vender. ¡Canastos! ₂₀

Don Fortunato Bastías, muy gordo, muy colorado, se contentaba con suspirar:

—¡Virgen María! ¡Y este don Samuel, que me hizo echarme
tres mil acciones más al cuerpo!

El mozo vino a interrumpirlos: ₂₅

—Don Julián: una madama pregunta por el señor Davis.

Pardo hizo un gesto de desesperación:

—¡Hasta cuándo! Despáchela. ¿No sabe que Davis no ha
venido?

—Señor, como Ud. me ha dicho que le avise . . . ₃₀

—Despáchela.

—No quiere irse . . . Está como una fiera.

Abrió violentamente la mampara.

---

³**"por especial deferencia"**   "as a special favor"

1   —¿Qué se le ofrece?

Una mujer de unos treinta años de edad, rubia y gorda, de ojos
y labios muy pintados, apetitosa y llenadora al mismo tiempo —
parecía hecha de fresa y crema chantilly— avanzó hacia él con aire
5 decidido:

—Busco a Davis —dijo—, a Davis . . . , a ese canalla . . .
¿Dónde está? ¿Por qué lo niegan? ¿O tendré que buscarlo con la
policía?

Su voz chillona, de un marcado acento francés, repercutía en
10 la oficina.

—Calma, señora . . . Dígame Ud. de qué se trata . . . No grite
Ud. de esa manera . . .

—¡Calma! . . . ¡Sí . . . , calma! . . . ¡Es fácil pedir calma a una
mujer honrada a quien se burla y se la engaña y se la deja aban-
15 donada . . . , con un hijo! . . .

Un pensamiento horrible pasó por la mente de Julián: Madame Duprés. ¿No sería esa mujer madame Duprés . . . "Madame
Duprés, Modes", de la "garçonnière"?

—¡Es absurdo . . . , absurdo! . . . —murmuró entre dientes,
20 oprimiéndose los ojos con la mano, como para apartar una visión.

—¡Un hijo, sí . . . , el doctor lo ha dicho . . . , puede Ud.
preguntar al "médecin" . . . , y yo no estoy dispuesta a tolerar
. . . , yo *haré el escándalo,* yo iré a los tribunales . . . , él me prometió
una casa de dos pisos . . . Yo no soy una perdida . . . El señor Alvear
25 lo sabe . . . , yo pediré justicia . . .

La mujer hablaba cada vez más alto.

Julián estaba anonadado.[4]

Justicia, tribunales, policía . . . El escándalo, el "chantaje",[5]
la Sección de Seguridad persiguiendo en masa a Davis . . . , luego
30 el rastro, la escritura . . . , el poder falso . . . Era preciso terminar.

—Bueno, señora, tiene Ud. razón . . . Ahora que recuerdo,
Davis me habló hace tiempo de este asunto . . . Voy a hacerle un
cheque . . . , mejor dinero, ¿no es verdad?

---

[4]**Julián . . . anonadado.**   Julian was overwhelmed.
[5]**"chantaje"**   blackmail

Entró; abrió la caja de fondos, y volvió con un fajo de billetes. 1
Fue la solución.

Se quedó algunos momentos, apoyada la espalda en la pared,
con los ojos muy abiertos.

. . . Luis Alvear . . . , una casa de dos pisos . . . "Míster Davis 5
paga todo" . . . "Cualquier día se lo traigo" . . . Sí; bien podía Luis
Alvear, con su inconsciencia acostumbrada, haber presentado a esa
mujer algún sujeto . . . ¡Suplantar a Davis! ¡Qué infamia! No tenía
derecho a suponerlo; pero . . . , ¿acaso él —él, Julián Pardo— no
había cometido igual delito? . . . ¡Vamos! En todo caso aclararía la 10
cuestión con Luis Alvear.

La campanilla del teléfono, nerviosa y persistente como un
grito de auxilio, le sacó de su estupor.

—¡Caramba! ¡Dos puntos más de baja!

Los contertulios se pusieron de pie, rígidos, serios, como si se 15
les comunicara la muerte de un amigo.

Sólo el coronel Carranza alcanzó a decir: ¡Cana . . . !

La exclamación pareció embotarse en el silencio, y todos,
mudos, con una solemnidad casi grotesca, salieron de la oficina.

*   *   *   20

Julián no volvió esa tarde a su casa; no fue al club, no comió.
Tenía la obsesión de ver a Luis Alvear.

Por fin, a las diez y media de la noche vino a dar con él en
un café de moda.[6]

Bailaba con una niña a quien Julián no conocía, y durante 25
algunos minutos permaneció de pie, atontado,[7] perdido en el
tumulto de notas y colores estridentes . . . Todo oscilaba, todo se
sacudía en torno suyo con movimientos de muñecos de cartón.[8]
Piernas, brazos, acordes y actitudes se quebraban en ángulos

---

[6]**café de moda**   fashionable café
[7]**atontado**   stunned
[8]**Todo oscilaba . . . cartón.**   Everything was wavering, everything around him was
  shaking and moving like cardboard dolls.

1 agudos. Los codos de los bailarines tiranteaban con hilos invisibles
la cabeza de los negros del "jazz", imprimiéndoles el mismo bam-
boleo.⁹ Sus rostros se partían horizontalmente en una risa de tajada
de melón, o se inflaban en grotescas protuberancias de gaita¹⁰ en
5 la embocadura del saxofón o el clarinete. Los platillos aplaudían
a rabiar, entre los alaridos del serrucho y las carcajadas de vieja de
las castañuelas.¹¹

Era imposible precisar dónde terminaba un color y comenzaba
un sonido.

10 En una pausa del baile, Julián tomó a Luis Alvear de un brazo.

—Necesito hablar contigo dos palabras.

—Bien; pero no pongas esa cara trágica. ¿Has cortado con
Anita? ¿No? Bueno. Este "shimmy" y estoy a tus órdenes.

La "jazz-band" volvió a convertirse en una fragua chispeante
15 de notas y colores.¹² Julián sentía que esos relámpagos chillones le
atravesaban el cerebro y el estómago, comunicándole una extraña
vibración. El negro de la batería,¹³ tomándole sin duda por
el bombo, parecía golpearle sin piedad los ojos, los oídos, la
cabeza . . .

20 —¡Vamos, hombre! Deja ese aspecto de difunto. ¿Qué te pasa?
¿Qué tenías que decirme?

Ahora era Alvear quien le cogía de los hombros y le arrastraba
hacia un lado de la sala.

Julián empezó a contarle la historia de la francesa, su ex-
25 igencia de dinero; en fin, el cuento del hijo . . .

—¡Bah! ¿Y qué hay con eso?

—Mucho, muchísimo. Prométeme que no me engañarás.
¿Conoces a esa mujer? ¿No le habrás presentado, por divertirte,

---

⁹**Los codos . . . bamboleo.**   The dancers' elbows pulled, with invisible strings, the
heads of the black jazz musicians making them sway to the same rhythm.

¹⁰**tajada de melón . . . gaita**   a slice of melon, or they would puff out grotesquely
like the bulging of a bagpipe

¹¹**Los platillos . . . castañuelas.**   The symbols applauded madly between the
howling of the saw and the old-womanish cackling of the castanets.

¹²**fragua . . . colores**   a sparkling furnace (fire) of notes and colors

¹³**la batería**   the percussion section

algún sujeto con el nombre de mi socio? ¡Tú eres tan aficionado a 1
hablar de Davis!

Alvear arrugó la frente.

—No recuerdo . . . Créeme que no sospecho quién sea *ella*.
Puede ser que alguna vez, para gozar de la abyección humana, 5
haya dicho a una muchacha: "Dedícatele a ese gringo feo; es millonario, es míster Davis, el coloso de la Bolsa. Mueve un dedo y se
gana cien mil pesos . . ." ¡Es tan gracioso ver a una mujer cambiar
violentamente de opinión sobre la estética de un individuo! ¡Puede
ser! . . . ¡En una borrachera se hacen tantos disparates! . . . Pero 10
de ahí a que la farsa se prolongue . . . , ¡eso no! . . . Ahora, un
"chantaje" sin base alguna es imposible . . .

—¿Vas a decirme, entonces, que he soñado; que la mujer no
existe; que no le he dado dinero; que todo es una fantasía, una
alucinación? ¿Me crees loco? ¿O pretendes hacerme creer que 15
Davis . . . ?

—¿Y por qué no? Puede haber tenido un lío.[14] Esa es la explicación más natural.

—¡No! —exclamó con voz sorda Julián—. ¡Es imposible!

—¿Sabes que ahora sí que comienzo a creerte loco? Te cierras 20
a la única solución lógica . . . ¿Crees posible un "chantaje" . . . así
. . . en el aire? ¿Crees posible que una mujer viva engañada varios
meses respecto a la verdadera persona de su amante? ¡Y nada
menos que acerca de Davis, que preocupaba en ese momento a todo
el mundo! ¿Te ha negado él, acaso, el hecho? 25

Julián hizo un signo negativo.

—Entonces . . . , debes creerle a la mujer. Un simple enredo
del gringo.

—¡No hables de ese modo!

—¡Qué gracioso! ¿De manera que Davis es incorruptible? 30
. . . Mira, Julián, sé razonable . . . No te pongas ridículo . . . , y
sobre todo en estas cuestiones amorosas, no metas la mano al fuego
por nadie, ¿entiendes?, ni por Davis.

---

[14]**Puede . . . lío.** He could have had an affair.

1   —¡Adiós! —masculló Julián entre dientes, y salió desatentado,
atropellándose en las mesas del café.
        Una neblina espesa cubría la ciudad. Los faroles rojizos, par-
padeantes como ojos trasnochados, le hacían guiños en la sombra.[15]
5   ¡Ah! Ahora resultaba razonable que Davis tomara una
querida, que tuviera un hijo . . . , y que él, Julián, pagara los
desastres . . . Esto era lo único lógico, lo único posible —según la
autorizada opinión de Alvear—. Lo demás ¡no era razonable!
        Y si él reuniera a diez, a mil, a cien mil hombres y les propusi-
10 era el caso, todos a una voz repetirían también el mismo juicio: "No
se deje guiar de fantasías, don Julián. El señor Davis ha tenido un
lío. Sus hipótesis podrán ser más ingeniosas, pero no son razonables" . . .
        La razón, la locura . . . ¡Qué abismos tan cercanos y tan
15 inexplorados!
        ¿Qué es un loco? Un hombre que no quiere someterse a la
opinión de los demás. Se le encierra. Un cuerdo en país de locos
iría también al manicomio.
        ¿Y si él, y no los otros, estuviera en el error; si esa mujer dijera
20 la verdad, si Davis . . . ?
        No; no podía ser.
        La soledad de la calle le hacía daño. Caminando, caminando,
se había alejado del centro. Ahora marchaba a tropezones, por una
callejuela de arrabal.
25   —No puede ser . . . Ese niño no es de Davis . . . No puede
ser . . . , yo no estoy loco . . . , no estoy loco . . .
        Junto a él estalló una sonora carcajada:
        —¿No está loco?
        —¡Qué va a estarlo!
30   Dos obreros se alejaban, comentando alegremente "al futre
que iba hablando solo".[16]
        Julián los vio, indignado, perderse en la neblina.

---

[15]**Los faroles . . . sombra.**   The red street lamps, blinking like eyes fatigued from
watching the night, winked at him in the darkness.
[16]**"al futre . . . solo"**   the dude that was talking to himself (Here the passers-by
are making fun of Julian.)

Marchaba con la cabeza baja, como queriendo verse los zapa- 1
tos perdidos en la sombra de la calle.

De pronto se detuvo.

Una luz amarillenta, espesa, sucia, con olor a alcohol, a humo
y a pescado frito, se escapaba a través de una mampara, chorreaba 5
por la piedra del umbral y corría como un cauce hasta la calle. El
"Bar Mussolini", abusando de la neblina nocturna, inundaba la
acera con la impúdica indiferencia de un borracho . . .

Julián vaciló un instante, como con temor de vadear aquel
charco luminoso que parecía humedecerle los zapatos. Negros, 10
chatos y brillantes, semejaban dos cucarachas sorprendidas de
pronto por la luz. Las cucarachas se detuvieron un momento.
Luego, como inconscientes del peligro, subieron una tras otra las
gradas de piedra y, atropellando la mampara, fueron a colocarse
al lado del mesón. Julián, los ojos bajos, las miraba con visible 15
repugnancia.[17]

El cantinero, bigotudo, con el vientre de tonel aprisionado en
las duelas azules de su "jersey", alzó la vista, sin levantar los codos
del periódico en que deletreaba el último hecho policial.

—¿Qué le sirvo al caballero? 20

Julián se sobresaltó.

—Cualquier cosa . . .

—¿Un whisky?

—Un whisky . . .

Deseaba aturdirse. Su razón comenzaba a moverse como un 25
barco que ha perdido las amarras. Por momentos le parecía que
todo lo sucedido aquella tarde —baja de acciones, Davis, el "chantaje" de la mujer, la absurda disertación de Luis Alvear— había
sido un sueño . . . Trataba de afirmarse en la realidad, agarrarse
como un arpón en algo firme.[18] Ese movimiento constante de barco 30
al garete le desesperaba; pero el fondo viscoso y arenusco cedía

---

[17]This paragraph gives further evidence of Julian's progressive break with reality.
Note the repugnance he experiences for his shoes as he imagines them to be huge
cockroaches.

[18]**Trataba . . . firme.** He tried to maintain contact with reality, to latch on to
something solid like a harpoon would.

1   . . . , y el ancla "garreaba", arrastrándose como una mano muerta
por sobre las rocas y los bancos de moluscos, sin asirse a
ellos . . .[19]

Bebía a grandes sorbos, y al terminar golpeaba el vaso, con
5   gesto imperativo:

—¡Más!

Después se sumergía nuevamente en la contemplación de los
zapatos.

—¡Qué asco! ¡Eran dos verdaderas cucarachas!

10   De repente abrió los ojos desmesuradamente y su boca se
distendió en una sonrisa inefable de rana.

—¡Es claro! ¡Ahora lo comprendo todo! ¡Ellos tienen la razón!
. . . ¡El hijo es de Davis . . . , y de madame Duprés! . . . "Madame
Duprés, Modes" . . . ¡Qué ridículo . . . !

15   Soltó una carcajada estrepitosa.

—¡Tan gorda, tan pintada! . . . ¡Pura crema chantilly! . . . ¡Qué
mal gusto el de Davis!

Se cubrió los ojos con las manos. Ahora veía patente a Davis,
con ademanes de camello, abrazando desaforadamente a la fran-
20   cesa sobre un diván lleno de cojines . . .

Los almohadones redondos y brillantes volaban por el aire
como planetas multicolores, describiendo extrañas órbitas. Se en-
trecruzaban, parpadeaban, y al entrar en conjunción parecían incorporarse unos en otros como círculos concéntricos. Sólo el cojín
25   de lama de plata de la cabecera permanecía inmóvil, en actitud de
luna llena, y se reía con unos dientes largos y amarillos.

La sonrisa de Davis . . .

Julián se sentía el eje de un inmenso carrousel y se apoyaba
en el muro para no caerse.

30   —¡Caramba . . . !, pero esto es una ignominia, la "garçonnière"
es mía . . . , mía . . . ¿Con qué derecho Davis me bota el narghilé?
¡Y para colmo, madame Duprés me cobra a mí y yo pago . . . pago

---

[19]**de barco . . . a ellos . . .**   of a ship adrift was driving him mad; but the slimy
and sandy bottom was giving way . . . , and the anchor was dragging, pulling along
over the rocks and the banks of mollusks (clams), without grasping them . . .

todo, el hijo, el narghilé, la "garçonnière"! ¡No; hasta aquí no más 1
llegamos! ¡Yo no tolero esa infamia!

Arrojó un billete sobre el mesón y salió a la calle, rápidamente,
siguiendo a las cucarachas, que parecían escabullirse entre las som-
bras.²⁰ 5

—¡Chist, chist! Un auto . . . A la calle del Rosal. ¡Infames! ¡Me
las pagarán! . . .

Descendió frente a la puerta de la "garçonnière". A pesar de
la oscuridad, tras el vidrio de la ventana se destacaban los cuadros
blancos de los figurines y del anuncio de madame Duprés. 10

—¡Me las pagarán! . . . ¡Canallas!

De un bastonazo quebró el cristal, arrancó los papeles, los
arrojó al suelo, y durante mucho rato los pateó con verdadero
frenesí.

"Madame Duprés, Modes", quedaba sumergida en el fango. 15
¡Estaba vengado!

Capítulo 19

Los ojos enrojecidos, la lengua amarga, los nervios agotados
por la noche de insomnio; frío en el cuerpo y frío en el alma
. . . Impresión de fracaso; y, luego el porvenir, sombrío, adusto, 20
como el pasillo oscuro que bordeaba la sala de la Bolsa . . .

Y, sin embargo, había que resignarse a andar por él, a desafiar
la mirada solapadamente inquisidora de los especuladores, a fingir
una sonrisa de satisfacción.

Todo eso era ineludible. Se trataba de un día decisivo. 25

Con ese aire de arrogancia exagerada que suelen adoptar los

---

²⁰**siguiendo . . . sombras**   following the cockroaches that seemed to slip away
among the shadows

condenados al patíbulo,[1] Julián entró a la Bolsa, azotándose la　1
pierna con los guantes. La seguridad de su actitud contrastaba con
la expresión de máscara de su rostro, en el que blanqueaba una
sonrisa congelada de momia cordillerana.[2]

Un grupo de corredores discutía acaloradamente en el pasillo.　5
Al pasar él se callaron.

Más allá, frente a otro grupo que hablaba casi en secreto,
creyó oír el nombre de Davis . . .

El timbre eléctrico, estridente, monótono como un dolor de
oídos, anunciaba el comienzo de la "rueda".[3]　　　　　　　　　　10

Empujó con violencia la mampara, y, abriéndose paso entre
la multitud, se aferró con desesperación a la baranda que circun-
daba el recinto de los corredores.[4]

A un paso de distancia veía la desgreñada[5] cabeza de Gutiérrez, repartiendo su extraordinaria actividad entre el teléfono, la　15
libreta de órdenes y el papel de telegramas. Apuntaba, escribía,
conversaba . . .

Algunas filas más adelante, casi en el centro del redondel, se
destacaba la calva apergaminada[6] de Urioste.

Frente al pupitre del director de turno, un muchacho gordo,　20
moreno, vestido de negro, iba anotando en una enorme pizarra las
operaciones. Cuando escribía, el traje, el pizarrón y la cabeza se
confundían, y sólo se divisaba el puño blanco. Parecía que escribiera con el puño.

El martillero, con voz de tenor, gritaba sin detenerse un ins-　25
tante:

—¡A 29 próxima se venden cien Llallaguas! ¡A 20 se compran!
¡A 25 mala se venden doscientas, trescientas y mil! . . . ¡Mil quinien-

---

[1]**patíbulo**　gallows
[2]**en el que blanqueaba . . . cordillerana**　in which there appeared a pale and
frozen-smile like that of a mummy of the mountains
[3]**el comienzo de la "rueda"**　the opening of the market
[4]**se aferró . . . corredores**　with desperation he held onto the banister that surrounded the area set aside for the stock salesmen
[5]**desgreñada**　disheveled
[6]**la calva apergaminada**　the wrinkled bald spot

1 tas Llallaguas se venden a 5 mala! ¡Conforme! López a Ugarte cien
Llallaguas a 4 y media mala. ¡Mil cuatrocientas se venden!
La pizarra se iba llenando poco a poco de cotizaciones.
Las "Auríferas" no se nombraban. Julián no oía ni pensaba.
5 En su cabeza, poblada de ecos y tinieblas como un calabozo, sentía
un zumbido constante. Algo como un moscardón se le había
alojado en el cerebro y revoloteaba desesperadamente, azotándose
en las paredes del cráneo[7] y dando cabezadas y aletazos, cual si
quisiera escapar por las ventanas de sus ojos atónitos. Julián sentía
10 el choque del insecto en el fondo de las órbitas y apretaba los
párpados con desesperación para cerrarle la salida.
Entonces experimentaba una especie de vértigo. Le parecía
que estaba al borde de un mar agitado y resonante . . . A impulsos
del oleaje,[8] las acciones subían y bajaban como ingenuos buqueci-
15 tos[9] de papel de imprenta. Llallagua, La Fortuna, Tuca-Tuca, El
Delirio . . . Una ola inmensa se formaba; era verde y arrebatadora[10]
como la esperanza; subía, subía mucho, más alto que la baranda,
más que el pupitre del director de turno; llegaba hasta la pizarra,
y su cresta de espuma dejaba como un rastro de tiza las cotiza-
20 ciones. Luego se oía un ruido sordo; la ola caía con estrépito . . .
Sólo dos o tres buquecitos de papel se mantenían aún a flote . . .
—¡A 17 próxima vendo cien "Auríferas"!
Julián abrió los ojos como saliendo de una pesadilla. Era la voz
de Urioste.
25 —¡A 17 próxima se venden cien "Auríferas"! —repitió como
un eco el martillero.
Un silencio de muerte. La calma precursora de la tempestad.
Luego otra vez la cascada voz de Urioste:
—¡A 16 y medio próxima, vendo cien "Auríferas"! Nadie
30 contestaba.
—¡A 16 próxima, vendo cien "Auríferas"!

---

[7]**Algo como . . . cráneo**   Something like a bumblebee had lodged itself in his brain
and fluttered around desperately beating its wings against the walls of his head
[8]**oleaje**   rush of waves
[9]**buquecitos**   small ships
[10]**arrebatadora**   captivating

Silencio. 1

—¡A 15 próxima vendo cien "Auríferas"!

La voz de Gutiérrez resonó ligeramente insegura:

—A 14 las compro . . .

—¡Conforme! ¡Mil vendo! 5

Al lado opuesto del semicírculo, detrás de Urioste, Pardo vio el rostro abotagado y plácido de Goldenberg. Se reía.

Julián clavaba las uñas en la barandilla. ¡Canalla! ¡Miserable! Esta oferta de mil acciones le hacía el efecto de una crueldad inútil. 10

Urioste, dueño sin contrapeso del mercado, seguía haciendo ostentación de su dominio:

—¡Mil, dos mil, tres mil . . . , hasta cinco mil vendo a catorce!

Julián no pudo resistir. Desesperado, sin saber ya lo que hacía, se inclinó sobre la baranda, y, alargando el brazo, tocó a Gutiérrez 15 en la espalda:

—¡Compre! ¡Compre!

—¿Cuántas?

—¡Todas . . . ! ¡Las que ofrezcan . . . !

Varios corredores se volvieron —la orden había sido dada casi 20 en voz alta—, y el grupo que rodeaba a Julián se hizo más compacto. Pardo, con medio cuerpo fuera de la barra, seguía repitiendo:

—¡Compre! ¡Compre!

—¡Conforme! —gritó Gutiérrez—. Conforme por las cinco 25 mil . . . Mil más compro . . .

Urioste vaciló y dirigió una mirada interrogante a Goldenberg.

Sabía que con esa última venta su cliente estaba en descubierto. Goldenberg hizo un gesto afirmativo. 30

—¡Conforme!

—¡Mil más compro! —volvió a repetir Gutiérrez.

Hubo un nuevo momento de vacilación. Goldenberg, con gesto de perro de presa,[11] aseguraba el habano[12] entre los dientes,

---

[11]**perro de presa**   bulldog
[12]**el habano**   the cigar

1 mientras en un pequeño block de telegramas impartía órdenes a los
corredores.

—¡Qué diablos! Hay que dominar el movimiento . . . Gutiérrez
está insaciable . . . , pero tengo a Bastías de reserva . . .

5 Las quince mil acciones de Bastías eran para Goldenberg una
especie de seguro para cualquier error bursátil.[13] Contaba con ellas
de antemano como si fueran cosa propia.

Los mensajeros corrían de un lado a otro repartiendo las
órdenes de venta.

10 Con las nuevas municiones se intensificó el ataque. Gutiérrez
era impotente para resistir aquel fuego graneado de ofertas.[14] El
papel fluctuaba con oscilaciones violentas. Julián no distinguía las
voces y las palabras que se fundían en un solo barullo;[15] pero
miraba las cotizaciones, y le parecía que la sala entera se colum-
15 piaba, oscilaba a compás de las Auríferas . . . Subían, y las columnas se alargaban, los muros retrocedían y el "plafond"[16] se hacía
más alto y más ancho hasta confundirse con el cielo . . . Bajaban,
y las columnas se retorcían, las murallas se acercaban y la cúpula,
como una chata cripta funeraria, le oprimía la cabeza hasta estre-
20 charlo con el pavimento . . .[17]

Pero una cosa percibía claramente: ya no era Gutiérrez solo
el comprador. Poseído de un verdadero frenesí, seguía repitiendo:

—¡Compre! ¡Compre!

Un rumor tenue, como una brisa, había comenzado a circular
25 de oído en oído, entre los especuladores.

—Davis comprando . . . Ese joven flaco es el socio de Davis
. . . ¡Es Davis el que compra! . . .

La brisa formaba apenas un ligero cabrilleo. Aquí y allá se
alzaban manos que cazaban en el aire las ofertas . . .

30 —¡Davis comprando! ¡Es Davis el que compra! . . .

En un instante la brisa se convirtió en huracán.

---

[13]**bursátil**   stock market (used as an adjective)
[14]**fuego graneado de ofertas**   rapid fire flood of offers
[15]**barullo**   uproar
[16]**"plafond"**   ceiling
[17]**y la cúpula . . . pavimiento . . .**   and the dome, like a flat funeral crypt, pressed
his head onto the pavement . . .

—¡Davis comprando! 1

Veinte voces estallaron al unísono:

—¡Doscientas compro!

—¡Mil compro!

—¡Quinientas compro! 5

Y dominando el tumulto, Gutiérrez, de pie, con la mano extendida en un saludo fascista, con un gesto de Cicerón en el Senado romano:

—¡Hasta veinte mil compro a 15 próxima . . . , a 16 . . . , a 17 . . . 10

Julián sintió que dos brazos cortos y adiposos le estrechaban con vehemencia.

—¡Felicite al señor Davis! ¡Qué gran hombre!

Era Bastías. Su voz temblaba de emoción.

—¡No he vendido ni una sola, don Julián! El señor Goldenberg 15 casi me ha vuelto loco; pero yo, ¡como un peral!,[18] mientras el señor Davis no me diga "Venda" . . . En fin, Ud., don Julián, me avisará . . .

De los brazos de Bastías cayó Julián en los del coronel Carranza. 20

—¡Muy bien su socio, don Julián! Nos ha salvado a todos. A Ud., a mí, y hasta a este cínico de Urioste . . . ¡Miserable! Ya le tenía listos los padrinos con instrucciones terminantes. Si bajan a trece y medio las acciones, me lo llevan vivo o muerto al campo del honor . . . ¡por badulaque! Las logró hacer bajar hasta catorce 25 . . . Por medio punto se ha escapado de una bala! . . .

El edificio de la Bolsa se estremecía como una caja de cartón con el vocerío de los compradores. La ola inmensa iba creciendo más y más, con la augusta majestad de la marea. Apenas se distinguían las manos amarillentas y crispadas de Urioste —manos de 30 ahogado—, que por momentos se asomaban y desaparecían . . .

Al terminar la rueda, las Auríferas habían subido doce puntos.

Entre las manifestaciones de entusiasmo, los abrazos, los parabienes a Davis, Julián oyó una voz risueña:

---

[18] **como un peral**   like a pear tree

1   —¡Goldenberg está arruinado!
         Julián se acordó de Anita, y toda su felicidad se
derrumbó . . .

Capítulo 20

5   Walter Davis, que cuando enviaba flores a Leonor sabía adivinar tan bien su gusto, no tenía el mismo acierto para elegir
joyas . . .
         Tal vez por mantenerse fiel a su carácter de millonario excén-
trico, las alhajas[1] que le enviaba eran siempre de un estilo rebus-
10 cado. Además, tenía una predilección loca por las perlas —en este
punto parecía estar de acuerdo con Julián—, y a Leonor las perlas
no le entusiasmaban. No había artista, ni "cocotte",[2] ni depen-
dienta que dejara de tenerlas . . . , falsificadas, ciertamente, pero
¿quién distingue ya las perlas falsas de las verdaderas?
15   ¡De sobra tenía con aquellos aros, regalo de su suegra, ascen-
didos por Julián a la categoría de reliquias! ¡Oh! En cambio, las
esmeraldas la sugestionaban . . .
         Y aquel día Leonor tuvo una tentación de millonaria.
         La obsesión la asaltó súbitamente al detenerse, acompañada
20 de Graciela, frente a la vitrina de una joyería.
         Sin duda alguna, la serpiente que tentó la sencillez aldeana de
Eva, con el obsequio harto modesto de una manzana gorda y
rubicunda como sus mejillas, no renunció a su espíritu de empresa
en el Paraíso terrenal. Arrojada por el Angel, se arrastró largo
25 tiempo por la tierra y cuando se convenció de que la manzana era
un regalo "demodé"[3] que no tentaba a las Evas de este siglo,

[1] **alhajas**   jewels
[2] **"cocotte"**   a kept woman
[3] **"demodé"**   passé

abandonó su alojamiento entre la hierba y se instaló cómodamente   1
en el escaparate de un joyero. Allí extiende los mil anillos de su
cuerpo esmaltado de raras pedrerías,[4] se enrolla como un "sautoir",[5] saca la lengua de rubí, o fija sus ojos de esmeralda como
diciendo a las mujeres que la miran: 5

—¡Atención! ¡Esto vale un poco más que una manzana! . . .
Leonor la vio y se detuvo.
—¡Mira, Graciela! . . . ¡Mira! ¡Qué esmeraldas más preciosas!
—¡Lindas! ¿Por qué no te las compras?
Con los ojos fijos como hipnotizados por la sortija[6] de esmeral-   10
das, Leonor apretaba nerviosamente el brazo de su amiga.
—¡Debe ser muy cara!
—¡Bah! ¡Qué importa! Ahora tu marido está muy rico . . .
Sí, ciertamente, Julián había ganado bastante . . . , pero ella
no se resolvía a gastar tanto dinero en una cosa inútil.   15

—¿Y por qué no los cambias por alguna alhaja? ¿Esos aros de
perlas, por ejemplo? . . . ¿Para qué tienes ese vejestorio?
A ella le había acudido la misma idea; pero . . . Julián no se
lo perdonaría. Creía que las perlas y el recuerdo de su madre eran
una sola cosa. En ese caso, cambiar los dos anillos y el prendedor   20
que le dio Davis . . .
—¡Cómo se te ocurre! Esas alhajas son modernas . . . , en
cambio los aros son una antigualla. Lo único que vale en ellos son
las perlas . . . , y si . . .
Graciela meditó un instante.   25

—Óyeme una gran idea: cede las perlas y te las reemplazan
por otras imitadas. ¡Nadie las conoce! Los aros quedan iguales y te
quedas además con el anillo de esmeraldas.
Leonor la abrazó llena de alegría.
—¡Eres muy inteligente! Pero . . . —y sus ojos se tornaron   30
tristes—, ¿cómo le explico a Julián este negocio? Jamás me atrevería a confesarle . . . ¿Y si me pregunta quién me dio este anillo?

---

[4]**esmaltado . . . pedrerías**   enhanced by rare precious stones
[5]**se enrolla . . . "sautoir"**   she coils up like a neck-chain
[6]**sortija** ring

1   —¡Lo compraste con tus economías!
       —No . . . Yo le digo siempre lo que gasto.
       —¡Ah! Pero . . . Davis . . . Le puedes decir que Davis te lo ha
enviado . . . , para el día de tu santo, por ejemplo. ¿Qué tendría eso
5 de particular?
       Leonor la abrazó de nuevo y entraron juntas a la joyería.
       —¡Yo me encargo del negocio!
       Leonor entregó los aros a su amiga y el canje[7] no ofreció
dificultad. Graciela era una comerciante consumada.
10   —¡Cómo se ve que es la señora de un gerente!— exclamó con
una sonrisa maliciosa el joyero.
       —Muy bien —advirtió Graciela—, pero no vaya a olvidarse:
los aros se los manda a la señora tan pronto como estén listos; pero
el anillo, por ningún motivo antes del 15 de junio. ¡Es un obsequio
15 que quiero hacerle para su cumpleaños!
       Y las dos amigas salieron riendo a carcajadas.
       —¡Pobre Davis! ¡Lo que menos se sospecha es que vaya a
hacerte este regalo!
       —¡A este paso va a quebrar, el infeliz![8] . . . —exclamaba
20 Leonor entusiasmada.
       En realidad, nunca Davis había estado más rangoso[9] que esa
vez que no supo lo que hacía.

Capítulo 21

       Una de aquellas tardes de otoño, Anita, que había estado largo
25 rato con un libro cerrado entre los dedos, gozando ensimismada del
sol que caía a torrentes en el patio, sintió como un golpe seco en

---

[7]**canje**   exhange
[8]**A este . . . infeliz!**   At this rate the poor fellow is going to go broke!
[9]**rangoso**   generous

el escritorio, que a esas horas debía hallarse solo. Se levantó del   1
pequeño banco de piedra y fue hacia allá sin dar mayor importancia
a aquel estruendo.

Estaba alegre. El patio lleno de sol parecía haberse entrado en
sus pupilas claras, con los verdes del jardín, los senderos rutilantes,   5
la pila tachonada de azulejos y circundada de begonias.[1] En el
primer momento no vio nada. Las cortinas estaban corridas y
apenas uno que otro bronce —las eternas águilas y coronas del
estilo Imperio— ponían una nota amarillenta en la sombría silueta
de los muebles. De repente sintió un ruido gutural, un ruido ex-   10
traño de reloj que fuera a dar la hora, y sus nervios se crisparon.
Sobre la mesa se veía un bulto . . . , una especie de jarrón de
porcelana amarillenta entre un montón de trapos negros y de
papeles en desorden.

Avanzó unos pasos en las sombras, que parecían hundirse bajo   15
sus pies como algodones. Su marido estaba materialmente
aplanado sobre el escritorio. La cabeza, inflada y sudorosa, parecía
haber rodado junto al libro de caja; las manos sobre la nuca, el
mentón sumergido en los papeles . . . , el ronquido de cuerda que
se desenrolla[2] . . .   20

Anita se imaginó que le había dado un ataque:

—¡Samuel, por Dios! ¿Qué te pasa?

Levantó un poco la cabeza y la miró con ojos vagos.

—¿Qué tienes? ¿Qué te sucede? ¡Contesta!

La cabeza volvió a caer. Goldenberg sollozaba. Unos sollozos   25
roncos, seguidos de un hipo agudo, salpicado de palabras inconexas
. . . "La quiebra" . . . , "una vida de trabajo" . . . , "el remate"
. . . "los acreedores".

Y luego, con gesto de temor:

—¿Te das cuenta de lo que es un secreto en el comercio? La   30
más leve indiscreción puede ser la ruina, la bancarrota . . . , ¿entiendes?

Anita hizo un gesto afirmativo.

---

[1] **los senderos . . . begonias**   the shining paths, the fountain trimmed in glazed tile
and surrounded by begonias
[2] **el ronquido . . . desenrolla**   the harsh rancorous sound that is emitted

1   —¿Te sientes capaz de guardar un secreto de esa naturaleza?
Pues bien; si dentro de dos días no se produce un cambio en el
mercado, yo no podré cumplir mis compromisos.

Y ante sus ojos llenos de espanto, agregó:

5   —. . . Sí; estoy "embotellado" . . . Un "corner" provocado por
ese infame Davis . . . He vendido 50,000 acciones más de las que
tengo . . . No me queda otra solución que pegarme un tiro . . .

—Pero . . . , Don Fortunato tiene acciones . . .

—No quiere vender ninguna. ¡Es un canalla!

10   —¿Y Julián?

—Él podría hacerlo . . . , pero a escondidas de Davis, se
comprende . . . Yo no me atrevería ni a insinuárselo . . . , y eso,
tan sólo tú podrías conseguirlo . . .

—No —dijo ella irguiéndose con altivez³—, yo no le hablo a
15 Julián de asuntos de dinero . . . ¿Qué podría imaginarse? Háblale
tú directamente. Díle la verdad, Julián es todo un caballero.

—¡No hay caballero cuando se trata de negocios! En fin,
con una mujer se guardan más consideraciones . . . Tú debes
explicarle . . .

20   —No; por nada.

—Pero podrás hablar con Davis . . . Julián no puede negarse
a presentártelo . . .

—Con Davis, sí —dijo ella.

Pidió algunos detalles del negocio.

25   —Nada de datos ni de cifras. La nota sentimental pura y
simplemente. Después . . . , que me indique una hora para hablarle.

Anita echó una mirada al gran reloj de bronce de la chimenea.
Eran las cinco.

Se dirigió a su departamento, se arregló el cabello, se cambió
30 el vestido y dio principio al "maquillage"⁴ como si se preparara a
una conquista.

Estaba segura de que Julián le presentaría esa tarde misma a

---

³**irguiéndose con altivez**   straightening herself up arrogantly
⁴**dio principio al "maquillage"**   she started putting on her makeup

Davis y todo se arreglaría. Un hombre multimillonario que es- 1
peculaba por entretenerse, ¡qué interés iba a tener en arruinarla!
. . . Ella le pintaría su desgracia, el interés que siempre había tenido
por él, su admiración por el hombre de más talento de la Bolsa
. . . "Un verdadero genio comercial", como decía don Ramiro.   5

Arreglándose el sombrero ante el espejo, no podía menos de
reírse.

Por primera vez iba a asistir a una cita por encargo expreso
de su marido . . . ¡Pobre Julián! ¡Qué pensaría si al llegar aquella
tarde a su "nidito" le dijera en un arranque de franqueza: "Mi 10
marido me ha mandado a verte; pero no vengo por tí . . . , sino por
Davis . . ."! ¡Era divertido!

Dio un último toque de "rouge" a sus labios, extendidos como
en un beso imaginario, y salió.

Goldenberg estaba paseándose, con la cabeza baja y las manos 15
en los bolsillos, por la galería.

Ella le hizo una seña de despedida con la mano.

—¡Hasta muy luego!

—¡Buena suerte!

Y Goldenberg, alzando los ojos al cielo, murmuró: 20

—¡Si no lo consigue ella! . . .

Capítulo 22

—¿No te subleva esa sonrisa estúpida de Buda?

Anita movió perezosamente la cabeza, que dejaba caer con
abandono sobre el brazo de Julián. Sentía una extraña volup- 25
tuosidad, frotando el recortado cabello de su nuca en el bíceps duro
y suave como un trozo de marfil. Una sensación eléctrica que la
hacía recogerse hasta la punta de los pies. Habría roncado como
un gato . . .

—¿El Buda? ¿Sí? ¿Por qué? —murmuró sin entender. En la 30

1   sombra violeta de las ojeras, los ojos apenas entreabiertos se alarga-
    ban en dirección al Buda de porcelana, amarillento y panzudo,[1]
    que, arrellanado en una consola de laca,[2] miraba complaciente
    hacia el diván.

5   —Es detestable —prosiguió Julián—. ¡Siempre ese mismo aire
    burlón! Parece que criticara cada abrazo: "Ese último está muy
    bien; aquél ha dejado un poco que desear; pero los de hace un
    momento eran más apasionados . . . y sobre todo más ridículos. El
    amor se mide por la ridiculez de los enamorados . . ." No lo dice
10 francamente, ya lo sé. Calla, sonríe y finge mirarse la barriga; pero
    nos observa. No se le escapa una actitud . . .
        —¡Qué disparate!
        —No puedo desentenderme. ¡El amor tiene momentos ridícu-
    los! Tú sabes que eres bonita; realmente, así pareces una estatua,
15 y, sin embargo, ¿estás segura de que muchas veces él no te ha
    encontrado grotesca? Ahora yo, con mi aire serio, con mis sienes
    que empiezan a blanquearse . . . ¡No; esto es indigno! Y luego
    después pasará todo; nos pondremos viejos, tú me olvidarás, el
    Buda irá a un remate[3] y en su cabeza calva y regordeta[4] quedará
20 el recuerdo tuyo . . .
        —Estás trágico . . .
        —No; estoy sincero . . . , quedará el recuerdo tuyo . . . , tal
    como estás ahora, tal como estabas hace poco . . . y el Buda se reirá
    y cuando vea otros enamorados hará comparaciones: "Aquella
25 muchacha loca era más apasionada" . . . , pensará. Y "la muchacha
    loca" será una señora gorda, grave, respetable, que irá a misa de
    ocho envuelta en un chal de lana y con un devocionario en el
    bolso . . .
        Anita se reía con desgano.
30   —¡No seas tonto! El amor tiene arranques poco "chic". ¡Quién
    lo discute! Pero de ahí a imaginar al desdichado Buda haciendo

---

[1]**panzudo**   pot-bellied
[2]**arrellanado . . . laca**   stretched out comfortably on the lacquered table
[3]**el Buda . . . remate**   the Buddha will be sold at auction
[4]**regordeta**   fat

más comparaciones que una viuda . . . Y si se acuerda, ¡qué mejor!, 1
también la pobre señora recordará con cierto escrúpulo al caballero
loco que en un tiempo muy lejano hablaba de la vejez y del olvido
al lado de una mujer que así y todo le quería . . .

Julián la besó en los ojos. Sin saber por qué, tenía la convicción 5
de que Anita le pertenecía cada día menos. Esa tarde, más que
ninguna otra, la hallaba distraída, indiferente. Tres veces le había
preguntado:

—¿Estás triste? ¿Estás preocupada?

—No, ¿por qué? —Era su única respuesta. 10

Había querido, con mil rodeos, llevarla al tema de las especulaciones—en la Bolsa se decía que Goldenberg estaba en situación difícil—, pero ella había evitado la conversación con un gesto
de molestia, casi de orgullo ofendido: —¡Qué sé yo! ¡No me impor-
tan los negocios! 15

Y ahora Julián sentía el deseo malsano de mortificarla,[5] hablándole del tema que más puede desagradar a una mujer: los años,
el olvido, el arrepentimiento . . . ¿Lo habría conseguido? Al pensar
que pudiera haberla hecho sufrir, sentía que una oleada de ternura
le subía a la garganta. 20

—Anita ¿por qué eres así? ¿Por qué no me hablas como antes?
Tú me ocultas algo . . . ¿Te he molestado? ¿No me quieres?

Se irguió violentamente como si la hubiera herido.

—¿Cómo? ¿Eso también? ¿Por qué he venido entonces? ¿Qué
gusto podría tener en exponer mi honra, mi nombre, por fingir una 25
comedia a un hombre que no me importa? ¿Te he pedido alguna
vez el más ligero sacrificio? Otras mujeres dicen a sus amantes:
"Quiero dinero: roba. Quiero que me lleves contigo: abandona a tu
familia. Quiero que me vengues:[6] mata". Y los hombres se echan
la conciencia a la espalda, dejan su casa, roban y asesinan . . . Mira, 30
Julián —óyelo bien—, yo no estoy loca, no te creo un semidiós,
¡nada de eso!; sé que podría hacer de tí lo que quisiera, y no
me atrevería a pedirte jamás algo que te impusiera una molestia.

[5]**el deseo . . . mortificarla**   the wicked desire to aggravate her
[6]**vengues**   (present subjunctive of **vengar** to avenge)

1 ¿Me has visto alguna vez reservada? Puede ser; pero ha sido por
evitarte un desagrado, una preocupación . . . Por nada de este
mundo quisiera ponerte en un conflicto para tu honor, para tu
lealtad . . .

5   Hablaba atropelladamente. Julián la estrechó contra su pecho,
cubriéndola de besos.

Permanecieron así durante largo rato.

En lo alto de la consola de laca el Buda se sonreía.

De pronto Anita se levantó con resolución. Fue hasta la pieza
10 de "toilette", se arregló, se dio carmín en los labios y polvos en el
rostro, se alisó prolijamente las pestañas y las cejas, y, de sombrero,
con los guantes puestos, se detuvo sonriente en el umbral:

—Bien; quedamos en que nunca te he pedido nada . . .

Julián bajó la cabeza.

15   —¿Y si ahora, faltando a mis propósitos, te pidiera un
pequeño servicio?

—Por favor, dímelo. ¡No sabes cuán feliz me harías!

—Necesito hablar con Davis . . .

Los brazos de Julián cayeron lacios a lo largo del cuerpo.

20   —¿Con Davis? ¿Para qué?

—Asuntos de negocio —dijo ella con picardía—. ¡Así son las
cosas! Contigo hablo de amor . . . , con Davis de negocios . . . "A
tout seigneur . . ."[7]

—No; basta de burlas. ¿Para qué lo quieres?

25   —No puedo decírtelo . . .

—Supongo que no pretendes darme celos . . .

—¡Julián!

—Sería torpe . . . Davis no puede interesar a una mujer
. . . es casi un viejo, es un estúpido . . . Sé bien que tú no piensas
30 de ese modo . . . Sé por Graciela que tú . . .

Ella levantó la cabeza con indignación . . .

—¿Qué sabes por Graciela? Hazme el favor de decirme qué
sabes por Graciela.

---

[7]**"A tout seigneur . . ."**   "All honor due him . . ."

—¡Sí . . . sí! No tomes ese aire de vestal⁸ ofendida . . . ¡El viaje 1
a Constantinopla, el rapto de la favorita del Emir . . . , ¡fábulas
ignominiosas! ¡Mentiras descaradas! ¡Davis haciendo conquistas!
¡Era lo que faltaba! . . .

Julián seguía hablando como un loco. 5

Anita, sin decir una palabra, se acercó a la mesa, cogió el
pequeño maletín y ya en actitud de salir, dijo:

—No te exasperes de ese modo. Te he pedido un pequeño
servicio . . . Si no querías acceder, podías habérmelo dicho francamente. En cambio has hecho una escena . . . Eres un buen actor 10
dramático . . . Te doy las gracias por la representación . . . Pero
para otra vez que quieras hacer el papel de Otelo, hazme el favor
de buscarte otra Desdémona.

El tono sereno y firme de su voz hizo volver a Julián a la
realidad. Se pasó la mano por la frente, se frotó los ojos como para 15
ahuyentar⁹ una visión, y replicó:

—Perdóname . . . He sido grosero . . . , más que eso . . . un
gran estúpido . . . No tengo por qué meterme en tus asuntos
. . . Además, basta que tú desees verlo . . . , pero . . . Davis no está
aquí . . . 20

—¡Julián, para qué me dices eso! Todo el mundo sabe que
Davis está dirigiendo ahora una especulación, que ayer no más
. . . En fin, di francamente que no quieres, que no deseas darme
gusto, y, ¡terminado!

Julián se retorcía como un papel al fuego. 25

—¡Davis no está! ¡Te lo aseguro!

Ella se dirigió a la puerta. Julián la tomó de un brazo.

—¡Por favor, óyeme! Un minuto, ¡sólo un minuto! Te voy a
decir la verdad . . . ¡toda la verdad! ¡Davis no existe! . . . ¡Te lo
prometo! . . . ¡Te lo juro! . . . 30

Le miró casi con lástima . . .

—Julián . . . no sea niño . . . No siga Ud. en ese terreno
. . . ¡Adiós! . . .

⁸**vestal**   virgin
⁹**ahuyentar**   to chase away

1   —¡Davis no existe! . . . ¡Davis no ha existido nunca . . . ¡Yo
fui quien hice la especulación! . . .
     Anita contrajo los labios en una mueca sarcástica:
     —¡Muchas gracias! ¿La especulación fue idea suya? No es-
5 peraba menos de su amabilidad . . . ¡Lástima que nadie crea en su
talento comercial!
     —Anita . . . yo no quería . . . yo no pensaba . . .
     —¡Basta! ¡Déjeme Ud.!
     Y retirando con violencia el brazo que Julián tenía asido dio
10 un golpe a la mampara y salió.

                              *   *   *

     ¡Qué noche aquélla! La cama parecía hundirse y las ropas le
cubrían la cara, el pecho, los brazos, sin permitirle el más leve
movimiento. Se ahogaba, sentía que el corazón iba a estallar. Era
15 una angustia horrible, una angustia tan sólo comparable a aquella
que sintiera cuanto Anita le dejó . . .
     Un sudor frío le entumecía.[10]
     El lecho se iba hundiendo más y más; estaba al fondo de un
abismo, cubierto por esas ropas blancas y pesadas como un in-
20 menso cúmulo de nieve. En lo alto presentía el cielo obscuro,
moteado de una infinidad de copos blancos.[11]
     Ahora estaban muy arriba. Altos, enormemente altos. Se
movían al menor soplo de viento, como si fueran a desprenderse.
     Desde su sepultura de hielo Julián alcanzaba a oír la voz de
25 Davis, que sentado en la blanca llanura, justamente encima de su
pecho, miraba las albas plumillas[12] y comentaba con indiferencia:
     —Están altas: sí, ahora están altas . . . Hay alza en el mercado,
pero luego caerán: no se preocupe . . . En la Bolsa sucede esto con
frecuencia. Las acciones son así. Yo las haré bajar cuando Ud.
30 quiera.

[10]**le entumecía**   made him numb
[11]**moteado . . . blancos**   speckled with a limitless number of white snowflakes
[12]**las albas plumillas**   the white little feathers

La nieve se sacudía y una lluvia de besos estallaba arriba.   1
—¡Walter, mi querido Walter!, ¡qué bueno eres!
La voz de Anita sonaba arrulladora como un trino,[13] y Davis
la atraía hacia su pecho. Confundidos en un estrecho abrazo, sus
cuerpos se hundían en la nieve como un edredón.[14] ¡Qué infamia!   5
Julián, presa de un verdadero frenesí, se agitaba en el fondo de su
sepulcro. No podía levantarse, pero sus manos, violáceas[15] como
dos jaivas gigantescas,[16] arañaban sin cesar . . . ¡Quería salir de allí,
coger a Davis por el cuello, estrangularlo! Luchaba, ahogado por
la nieve. Sus algodones[17] se le introducían por las narices, la boca   10
y los oídos.

Por fin, sus dedos crispados lograron asir un brazo. ¡No, no
era eso! Una garganta, una garganta tibia, que se retorcía entre
roncos estertores.[18] Sonaba como un fuelle[19] roto. Y apenas se la
sentía, y ¡Dios mío!, ¡qué blanda y qué suave era!   15

Ahora quería abrir las manos; pero éstas no le obedecían. Los
dedos, rígidos como dos garfios de hierro, se fundían en una sola
argolla.[20] El cuello inerte pasaba a través de ella como un cable
suelto. También Julián sentía que las fuerzas le abandonaban.

Encima de él resonó una carcajada.   20

—¡Se ha equivocado, míster Pardo! . . . Esa garganta no es la
mía.

Julián dio un salto y despertó.

Luis Alvear estaba frente a la cama, con los brazos cruzados
sobre el pecho.   25

—¡Habráse visto! Las diez de la mañana y roncando en esa
forma . . .

---

[13] **arrulladora . . . trino**   lulling like the warbling of a bird
[14] **edredón**   a feather quilt
[15] **violáceas**   purplish
[16] **jaibas gigantescas**   huge crabs
[17] **Sus algodones**   Its cottony flakes
[18] **que se retorcía . . . estertores**   that twisted while gasping for breath [**estertores**
    —rasping breath of the dying]
[19] **fuelle**   bellows [an instrument for fanning fires]
[20] **argolla**   band

1   Julián, todavía amodorrado, en un estado de semiincon-
sciencia, le miraba de hito en hito.[21]
        —Una pesadilla . . . —murmuró por fin—. Una horrible
pesadilla: soñé que había estrangulado a Anita . . .
5   —¡Bárbaro! No te vaya a oír Leonor. Ni por tratarse de ese
asesinato te lo perdonaría . . . Por lo demás, el crimen tiene un poco
de verdad . . . ¡Te has portado como un perfecto sinvergüenza!
        —¿Yo? ¿Con ella? ¡Cómo puedes decir eso!
        Sentía la impresión de que lo apuñaleaban.
10   —¿No sabes acaso la situación de Goldenberg? No es un
misterio para nadie. En la Bolsa la comenta todo el mundo. Las
acciones están ahora a cincuenta . . . El muy imbécil parece que
se ha "embotellado" a sí mismo. ¡Una barbaridad! Pero esas cosas
no las entienden las mujeres . . .
15   A Julián le hacía el efecto de que la pesadilla continuaba.
        —Pero ¿no me has defendido? ¿No le has dicho a
Anita? . . .
        —Yo le expliqué tu situación . . . Tú no podías ayudar a
Goldenberg, porque la especulación es de Davis, y al entregar las
20 acciones al adversario en descubierto, le traicionarías . . . Cada peso
que Goldenberg deja de perder lo pierde Davis . . .
        —¡La operación es mía . . ., absolutamente mía! . . . — dijo
Julián con desesperación.
        Alvear le envolvió en una mirada compasiva, como si se las
25 hubiera con un niño enfermo o con un loco.
        —Bueno . . ., no voy a discutir; pero permíteme un consejo:
no lo digas. Nadie va a creerte . . . ¡Ella menos que ninguno! Todos
sabemos que tú haces sólo lo que te ordena Davis.
        Julián se desplomó en el lecho sollozando.
30   —¡Nadie me cree lo que digo! Ni tú, ni Anita . . . Yo no soy
nadie para nadie . . . ¡Sólo Davis existe para todos!

                        *   *   *

---

[21]**le miraba . . . hito**   was staring at him

Media hora después, pasada la crisis nerviosa, Julián escribía   1
dos cartas: una para Gutiérrez y otra para Bastías.

"Por orden de Davis, le ruego entregar a Samuel Goldenberg
30,000 Auríferas, a 45."

"Por encargo de Davis, le aconsejo liquidar las veinte mil   5
acciones que usted tiene. El ha vendido las suyas a 45, y a ese precio
tal vez Goldenberg . . ."

Alvear no pudo menos de reírse.

—¡Pobre Davis! ¡Qué caro va a costarle tu reconciliación!
Porque si tú no mandas esas cartas, las acciones llegan hoy mismo   10
a sesenta.

Julián bajó la cabeza avergonzado, y sólo tuvo ánimos para
pedir a Alvear, bajo, muy bajo:

—Se las mostrarás antes a Anita. ¿Me lo prometes? . . .

—Sí; y además te guardaré el secreto . . . Le diré que Davis   15
fue realmente consultado . . . De otro modo aparecerías abusando
de la confianza de tu socio, ¿no es verdad?

Pardo quiso explicar una vez más: "La especulación es mía.
Yo no engaño a Davis", pero recordó las dos tarjetas: "Por orden
de Davis . . ." "Por encargo de Davis . . .", y soportó la humilla-   20
ción. ¡Anita bien valía el sacrificio! Sólo ahora que había estado a
punto de perderla comprendía hasta qué punto esa mujer formaba
parte de su vida.

¡Qué ajeno estaba Julián en ese instante de imaginarse lo que
ella pensaría al ver sus cartas!:   25

—¡Qué noble es Davis! Y esto lo ha hecho por mí . . ., sólo
por mí . . . A Samuel le tiene mala voluntad . . . como que ha estado
a punto de arruinarlo . . ., y a Julián —¡pobre! ¡tan loco!— se me
figura que no lo toma en cuenta para nada . . .

Capitulo 23

Comprendió que no podía seguir un día más con Davis.

Para Julián no era un misterio que en la Bolsa se comentaba su actitud; en la casilla 2413 encontraba anónimos de "amigos del señor Davis", de comerciantes que "en obsequio a su vieja amistad" se permitían advertirle que "el tal Pardo" o "su empleado Pardo" lo engañaba.

No les faltaba razón de cierto modo . . .

Más de una vez, al ver a don Cipriano poner los ojos en blanco[1] para celebrar alguna genialidad del señor Davis —"¡qué hombre de tanto talento, don Julián!"— no había podido contenerse:

—¡No lo crea usted; Davis es una inteligencia muy mediocre!

—¡Cómo puede decir eso, don Julián! Mire que llamar a las especulaciones "apuestas para la mala"[2] es de un ingenio y una gracia . . .

Inútilmente Julián ponía en prensa su cerebro, tratando de exprimir algún dicho oportuno. Cuando por casualidad le resultaba algo ingenioso, el interlocutor le golpeaba amistosamente el hombro:

—¡Ese dicho debe ser del señor Davis! . . . ¡Qué notable!

Entonces, desesperado, ponía en boca de Davis las más insignes tonterías: "Según mi socio, el trabajo del especulador es muy seguro: se trata de comprar barato y vender caro".

—¿Eso ha dicho Davis? ¡Qué ironía más profunda!

Con la cesión de acciones a Goldenberg, que había abatido las espectativas de muchos "alcistas",[3] los comentarios en cuanto se referían a Julián tomaban un carácter más malévolo.[4] El propio Gutiérrez, al recibir la orden de venta, se rascó la cabeza murmurando:

—¡Desdichado señor Davis! Si deja actuar el mercado li-

---

[1] **poner . . . blanco**   roll his eyes
[2] **"apuestas para la mala"**   "money thrown away"
[3] **"alcistas"**   "bulls" [speculators that are optimistic that the stock market will go up.]
[4] **malévolo**   wicked

bremente las acciones habrían subido a 80 . . . En esto ha metido 1
la mano don Julián . . .

¡Vaya alguien a convencer a un hombre de negocios de que
otro puede sacrificar un centavo de ganancia al afecto, a la amistad,
a la compasión! 5

Pero aquella maldita tarde, gris, embozada y aburrida como
un oficial de guardia, las cosas habían culminado.

Luis Alvear, con la más sana de las intenciones, lo había
puesto frente a la realidad.

—¿Sabes lo que se dice de tí en la bolsa? Como amigo, tengo 10
que contártelo . . .

—¿Qué?

—Que tú se la jugaste a Davis⁵ . . .

—¡Es una infamia!

—Sí; una infamia. Sin embargo . . ., acabo de oír en un corrillo 15
que Davis mismo lo afirmaba . . .

—Pero ¿quién decía eso?

—Willy López.

—¡Canalla! Ahora mismo voy a dejarlo como un sinvergüenza . . . Acompáñame. 20

Efectivamente, en medio de un grupo de especuladores, López
disertaba con audacia, desde el alto pedestal de sus pantalones
Oxford, sobre la opinión de Clemenceau y Lloyd George —«a
quienes trató en París con verdadera intimidad»—acerca del problema industrial y minero de Bolivia. 25

Julián llegó como una tromba⁶ y le cogió por las solapas.⁷

—¡Conque usted, so miserable,⁸ se ha permitido asegurar que
Davis no tiene confianza en mí! ¿Quién se lo ha dicho? ¿Quién?

Ante lo sorpresivo del ataque, Willy vaciló un momento; pero
vio que todos los ojos estaban fijos en él y recobró en el acto su 30
audacia:

—¡Calma, hombre! ¡Qué maneras!

⁵**Que tú . . . Davis**   You cheated Davis
⁶**tromba**   whirlwind
⁷**solapas**   lapels
⁸**so miserable**   you scoundrel

1   —¿Quién se lo ha dicho? ¡Respóndame o no sé lo que
hago! . . .

         Y López, con el pecho echado atrás y afirmándose los anteojos
de carey:

5   —¡Davis! . . . ¡El propio Davis me lo ha dicho!

         —¡Es falso!

         —¡No es usted sino su socio el llamado a desmentirme!

         Julián quiso replicar, pero sus brazos cayeron como dos alas
rotas . . . ¿Quién podía probarle a López que mentía?

10   Bajó la cabeza y se alejó del grupo.

         Su resolución estaba ya tomada. No seguiría un día más con
Davis. Pero ¿cómo hacerlo? ¿Revocar la escritura de poder? No era
posible. La gente le conocía lo bastante para saber que él era socio
de Davis y no Davis mismo. Aunque se pusiera gafas negras,

15   ningún notario caería en el garlito . . . ¡Davis era demasiado
conocido!

         De repente su cerebro se iluminó como una ampolleta eléc-
trica.⁹ ¡Una polémica!¹⁰ Esa era la solución: una polémica.

         Apresuró el paso.

20   ¡Naturalmente, Davis llevaría la peor parte . . . ! Para algo iba
a ser su contrincante quien redactara los artículos . . .¹¹ Primero,
uno firmado por Julián, sereno, sobrio, diciendo que advertía al
público que, desde esa fecha renunciaba a continuar con la gestión
de los negocios de míster Walter R. Davis, ya que éste no le había

25   asegurado toda la participación a que creía tener derecho como
autor exclusivo de las operaciones comerciales y bursátiles realiza-
das por cuenta del señor Davis desde dos años a la fecha . . .

         Luego vendría la respuesta violenta, airada, de Davis, pero sin
dar una razón ni negar un sólo hecho.

30   Julián replicaría: ≪injurias no son razones≫. Y todo el mundo
quedaría convencido de que él, exclusivamente él, era el cerebro

---

⁹**ampolleta eléctrica**   electric light bulb
¹⁰**polémica**   controversy
¹¹**Para algo . . . artículos . . .**   For a good reason his opponent would write the
    articles . . .

que había dirigido las gigantescas especulaciones, las atrevidas 1
empresas financieras que habían maravillado a la Bolsa de Comercio . . . Davis quedaría reducido a los límites de un vulgar
capitalista.

¿Qué cara pondría Anita al darse cuenta de que el coloso de 5
la Bolsa, el misterioso financista, el seductor de huríes orientales,[12]
había vivido a costa del talento de Julián durante meses y meses?
¿Cómo se desorbitarían de admiración los ojos de Goldenberg, de
don Cipriano, de los directores del Banco Anglo-Argentino, al ver
≪el genio bursátil≫ reducido a sus verdaderas proporciones? 10

Empujó con fuerza la mampara de la oficina y se sentó ante
la máquina de escribir.

¡Con qué gusto sentía caer las letras como un tupido aguacero
en el papel! Una lluvia interminable, que iba formando la charca
cenagosa[13] en que Davis se ahogaba. ¡Ya no asomaba sino los 15
brazos, largos y amarillentos como raíces contorsionadas!

Y Julián seguía redactando la réplica de Davis. ¡Cómo se
vengaba de la antigua arrogancia de su socio haciéndole escribir
toda clase de sandeces![14]

Otra vez volvía a sentirse libre, independiente, con per- 20
sonalidad propia; el socio era un maniquí que se contorsionaba y
se abatía a cada movimiento de sus dedos.

Y ahora, Julian no era un cualquiera. En los días precedentes
había retirado de la oficina de Gutiérrez más de un millón de pesos.
¿Qué iría a ser de su ex-socio sin existencia natural, y para colmo, 25
sin dinero?

De nuevo volvía a creer que dominaba a Davis.

---

[12]**huríes orientales**   beautiful, seductive Oriental women
[13]**la charca cenagosa**   the slimy puddle
[14]**sandeces**   foolishness

Capítulo 24

Entre los dedos de Julián, el habano —grueso lápiz de punta blanquecina—parecía ir escribiendo con letras de humo, en el aire: "Aquí va un hombre feliz".

El periódico asomaba medio cuerpo fuera del bolsillo, y repetía: "¡Ya lo creo! Don Julián tiene motivos para estar contento. El señor Davis ha quedado como un perfecto imbécil".

Efectivamente, Davis publicaba esa mañana, a dos columnas, un breve remitido: "Mi última palabra". "Respuesta a don Julián Pardo".

Ni un solo argumento serio. Un desahogo innoble de pasiones en contra del ex-socio que lo abandonaba . . . ¡Pobre inglés!

Julián entraba en el Club repartiendo saludos y sonrisas.

Todo, desde los hombres parlanchines y movibles que bullían en la cantina, hasta el zócalo de azulejos, abigarrado como un jardín andaluz, emanaba alegría.

Tras el mesón, los cantineros parecían aplaudir con entusiasmo en las brillantes cockteleras. ¡Bravo, don Julián! ¡Bravo!

Abriéndose paso a viva fuerza entre la compacta fila de socios que luchaban desaforadamente por el aperitivo —¡se trabaja con igual energía para sentir hambre como para no sentirla!—, Pardo llegó a poner un brazo en el mesón de dados y de copas.

—¡Un gin-sower!

—¡Cuidado con mis tres ases!

Al volver los ojos se encontró con la mirada inquisidora y torva del coronel Carranza.

—¡Caramba, don Julián! *Todavía* por aquí . . . No lo esperaba . . .

—Realmente —tartamudeó don Juan Anguita, un viejo inofensivo, íntimo del coronel, asomando su cuello de jirafa por sobre el hombro de su amigo—, ¡es admirable su serenidad!

—Pero . . . ¿por qué? ¿Ha sucedido algo?

La mano de Carranza cayó como un combo de hierro sobre el mesón.

—¡Canastos! ¿No ha leído entonces lo que le dice Davis en los diarios?

—¿Qué? —dijo Julián—. ¡Una simple tontería . . . ! Reconoce que soy yo el verdadero iniciador de sus negocios . . .

—Pero lo injuria . . .[1]

—¡Lo injuria! —repitió como un eco el señor Anguita.

—¡Tanto como eso! . . . Digan ustedes que me trata con violencia, con apasionamiento . . ., quizá con grosería . . . ¡Davis no es un dechado de cultura![2] Pero en cambio . . .

—No, mi amigo, lo ofende seriamente, brutalmente. ¡Mire usted: que, al abandonarlo, ha procedido usted "en forma incorrecta, impropia de un caballero"! Es una injuria . . . ¡Una provocación que no puede tolerársela ningún hombre!

—Una provocación. Ciertamente, una provocación —coreó don Juan Anguita.

Julián se puso pálido.

—Yo, en realidad, creo que ustedes le dan demasiado alcance a una palabra que . . .

—¡Demasiado alcance! ¡Demasiado alcance! —exclamó el coronel Carranza con la cara descompuesta, remedando el tono suave de Julián—. ¡En qué país estamos! ¡Canastos! Si usted no le da importancia a que le llamen sinvergüenza, nosotros sus amigos se la damos. ¡No faltaba más! De eso estábamos hablando hace un momento con don Juan. Por lo menos hay que pedirle explicaciones al inglés. ¡Y para eso estamos sus amigos! Con dos tiros la cuestión se soluciona. Ahora si él no se bate . . . ¡Bien! ¡Paciencia!

Pardo les miraba con los ojos turbios.

—Supongo que usted, ¡canastos!, no nos hará la ofensa de despreciarnos como amigos, porque entonces . . . ¡Mejor me callo! ¡Córcholis![3] Viejo estaré, pero la mano no me falla . . .

—No, mi coronel . . . , ¿cómo se le ocurre . . . ? —tartamudeaba débilmente Pardo.

---

[1] **lo injuria . . .**   he does you an injustice . . .
[2] **¡Davis . . . cultura!**   Davis is not highly cultured!
[3] **¡Córcholis!**   I'll be damned!

1   El recio artesonado parecía juntarse con el piso, oprimiendo
como una prensa de vino a Julián,[4] al coronel, a Anguita, a todo
el Club, con sus botellas, sus azulejos y sus socios.

En lo alto, Davis, con cara de demonio, accionaba el tor-
5 niquete[5] . . . Los azulejos, las botellas y los huesos rechinaban, la
carne crujía sordamente, y la sangre corría como el mosto en el
lagar . . .

Los padrinos quedaron en reunirse a las once de la noche con
Julián—¡cuánto le costó obtener este plazo de gracia!—, para reci-
10 bir las instrucciones de su representado . . .

* * *

—Hum . . . Hum . . . En fin . . . , ¡cada cual sabe su negocio!
. . . ¡Si usted se empeña, don Julián, daré las órdenes del caso!
—Se lo agradeceré . . . ¡Es un asunto tan desagradable!
15   En su desesperación, Julián había acudido a un comisario
amigo, para pedirle que la policía impidiera el lance.
—¡Bien! ¡Qué diablos! Cada uno es dueño . . .
—Pero hay que tratar que esto resulte lo mejor posible para
usted. ¿Cómo lo hacemos? ¡Ya . . . , ya! Que el señor Davis llegue
20 atrasado al campo del honor . . . ¡Fácil, muy fácil! Un incidente con
el guardián que vigila el tránsito . . . ¿Quiere indicarme la dirección
del señor Davis?

Julián se mordió los labios. El socio falso, la investigación, la
escritura . . . ¿En qué madriguera[6] se había metido? Permaneció un
25 momento mudo, con la vista vaga y una expresión de idiota que le
torcía la boca como una parálisis.

—¿Sabe? —logró decir por fin.— ¿Sabe? Pensándolo mejor
. . . No hagamos nada . . . Voy a batirme con ese canalla . . . No
diga usted una palabra de lo sucedido . . . , se lo suplico como
30 amigo . . .

---

[4]**El recio . . . Julián**   The heavy caissoned ceiling seemed to come together with
the floor, squeezing Julian like a wine press
[5]**accionaba el torniquete**   [Davis] was tightening the turnstile [that makes the
ceiling and floor come together and which Julian envisages as a wine press.]
[6]**madriguera**   lair [Translate as "hot water" or "trouble"]

El comisario se levantó solemnemente y le estrechó la mano.   1
—¡Eso! ¡Eso! ¡No esperaba menos de usted, don Julián!

*   *   *

En el fondo del cerebro, muy al fondo, con la impunidad
del gusano que va abriendo galerías en un queso Roquefort, el   5
pensamiento seguía atormentándole. ¿Cómo evitar el duelo?
¿Cómo?

Negarse rotundamente . . . ¡A buen tiempo, cuando ya había
elegido los padrinos!

Decir que Davis se encontraba ausente . . . , era sólo retardar   10
la tragedia.

Una carta de Davis dando explicaciones . . . Julián tendría que
aceptarlas. Los padrinos exigirían la publicidad: "Fin de un incidente". "Cartas cambiadas entre los señores Walter R. Davis y
Julián Pardo". ¡La polémica terminaba en punta! Las cosas   15
quedarían más o menos igual que antes. Davis no sería ya su socio,
pero . . . sería su amigo . . . Si acertaba en un negocio, nadie el
quitaría de la cabeza al público que Davis se lo había aconsejado
. . . ¡Bah! Para eso, mejor era haber seguido en igual situación que
antes! ¡Había que matar a Davis!, concluir con él; en una palabra,   20
había que batirse. Pero . . . , ¡los padrinos! ¿Qué hacer con los
padrinos?

En su casa, en presencia de Leonor y del chico subido en las
rodillas —"papá, lléveme al apa[7] . . . ; papá, hágame caballo" la
obsesión se hizo más punzante.   25

Eran las diez. A las once llegaría el coronel con el maldito
viejo. ¡Era preciso decidirse!

Estaba entre la espada y la pared, entre Carranza y Davis. Si
se negaba a batirse, quedaba ante sus padrinos como un perfecto
sinvergüenza. Si iba al duelo . . . ¡peor aún . . . como un embauca-   30
dor,[8] como un farsante . . .

Y esos dos hombres —Carranza vociferando, Anguita repi-

---

[7] **lléveme al apa**   carry me piggyback
[8] **embaucador**   deceiver

1 tiendo sus inepcias[9]— llegarían antes de una hora . . . seguramente, indefectiblemente . . .

Un terror pánico comenzó a apoderarse de Julián. Habría querido huir, esconderse, desaparecer.

5 Y el chico seguía insistiendo: "Papá, súbame el apa . . . Papá, ¡pínteme un mono . . . , un sapo . . . , un gato!"

—¡Al diablo todo! —gritó Julián de pronto, dejando al niño con violencia en un sillón.

—Pero, Julián ¿qué tienes?

10 —Basta. Tú, Leonor, llévate al chiquillo. Necesito escribir . . . , irme de aquí . . .

Ella le miró con espanto. Era la segunda vez que lo veía en un rapto de nervios semejante. Tomó en sus brazos al chiquillo, que sollozaba, y se dirigió a la puerta, acariciándolo.

15 —¡Oye! ¡Mira! A Pedro que aliste el auto. Tengo que salir fuera de Santiago.

—¡A estas horas . . .!

—Sí, sí; no me preguntes. A las once vendrá el coronel Carranza con un señor Anguita. Dales mi excusa y entrégales dos
20 cartas. No; una sola. Te la dejaré aquí sobre la mesa . . . ¡Adiós!

—Julián, dime, por piedad, ¿qué te sucede? ¿Por qué te vas así?

Le abrazaba llena de ternura. Julián abría los ojos desmesuradamente.

25 En el cristal de la ventana que daba al jardín oscuro veía a Davis con un jockey metido hasta los ojos, que lo llamaba con voz muy queda:

—Vamos, míster Pardo. No diga nada a la señora. Nos batiremos en la cordillera.

30 Con la mirada fija en la ventana, Julián estrechó a Leonor y al niño.

—¡Perdóname! Tengo que irme. No te alarmes . . . Davis me necesita . . . Volveré en dos días más . . . La carta te la enviaré antes de las once . . . ¡Adiós!

---

[9]**inepcias** ineptitudes

Y salió de la pieza como un sonámbulo.   1
Leonor le vio perderse entre las sombras del follaje.
—¡Pedro! ¡Prepara el automóvil!
Su voz tenía inflexión extraña. Ya no se le veía. Parecía que
la noche se lo hubiera tragado.   5

*   *   *

"Míster Pardo:
Si dos personas se dan cita con el fin exclusivo de matarse, no
veo el objeto de traer otros caballeros que no han de ayudarles. El
espectáculo no es bonito, y no me gustan los curiosos. Carezco de 10
interés por conocer o matar a sus amigos. Nunca me ha gustado
este género de caza; pero, si los trae, me veré en la obligación de
ordenar a mis empleados que la practiquen.
Yo me voy esta noche a Los Andes en automóvil y de allí
seguiré al sitio en que estuvimos cazando hace tres meses con usted 15
y Pawlosky. Es un lindo paisaje y hay pasto para los caballos. Nos
pondremos de acuerdo en la hora que sea a usted más cómoda.
                                              WALTER R. DAVIS."

Al pie de la carta a máquina, y tocando casi en la rúbrica de
Davis, Julián había escrito a lápiz: 20

"Mis más estimados amigos:
Una indiscreción parece haber puesto a Davis al corriente de
mi resolución de esta tarde, como ustedes pueden verlo por la carta
que antecede. En vista de ella, no me queda sino agradecerles una
vez más sus servicios, que no puedo llevar hasta los límites de un 25
sacrificio estéril. Les ruego tranquilizar a mi mujer.
Gracias mil veces.
                                              JULIAN PARDO."

Los padrinos leyeron en voz baja, uno tras otro, la carta y se
miraron.   30
—¡Es un estúpido! ¡Canastos!

1   —¡Peor que eso! —corrigió el señor Anguita, arreglándose los
lentes—, es un demente peligroso. ¡Mire usted que decir que va a
asesinar previamente a los padrinos! Y su marido, ¿qué ha hecho,
señora?

5   —¡No sé! Tomó el automóvil y salió —exclamó Leonor, pálida
como una muerta, retorciéndose las manos.

—La felicito, señora; su marido es un valiente . . . y no lo
parecía . . . ¡Zambomba![10] Pero con carta y todo yo creo que hay
que acompañarlo.

10   —¿Acompañarlo? ¡Sería una imprudencia! —observó don
Juan Anguita.

—Pero, ¡por piedad! ¿Qué pasa? Hablen ustedes.

—Nada, señora. ¡No se alarme! —dijo Carranza, poniéndose
muy rojo—. Cosas de hombres que, ¡como es muy natural!, no se
15 les pueden decir a las señoras . . . ¡Pero no se alarme! Vamos, don
Juan.

Leonor se dejó caer en un sillón y se oprimió la cabeza con
las manos.

—¡Dios mío! ¡Qué horror, Dios mío!

20   Los hombres salieron precipitadamente.

—¡Casi suelto la pepa,[11] don Juan!

—¡Pobre señora!

—¡Bah! ¡Histerismos! ¡Como llegue a sospechar lo del
duelo! . . .

25   Y subieron al automóvil que les aguardaba.

*   *   *

A esas mismas horas, Pardo, a cuarenta kilómetros de la
ciudad, en una miserable piececita del "Gran Hotel Continental"
—así se llamaba ahora la "Posada del Crucero"— aspiraba, con la
30 ventana abierta de par en par[12] al campo, el aire de la libertad. Se
consideraba en salvo.

---

[10]**¡Zambomba!**   Whew!
[11]**¡Casi suelto la pepa**   I almost let the cat out of the bag
[12]**abierta de par en par**   wide open

Un ambiente de paz envolvía al poblado. Olor a heno,[13] a   1
establos, a tierra húmeda.

A lo lejos, el ladrido de los perros, cada vez más confuso y
atenuado, iba señalando el paso del automóvil que regresaba a la
ciudad.   5

De ese lado el horizonte se perdía en una sucesión de cerros
bajos, de perfiles ingenuos, como trazados por la mano de un niño.
Arriba, la luna blanca y sencillota —una gran galleta de agua con
la muestra evidente de un mordisco— le evocaba el recuerdo del
"Nito". . . Así se dormía siempre, con una galleta a medio comer   10
entre las manos paliduchas.

Y por sobre el caserío y los viejos eucaliptos, y los cerros, la
noche, como una vieja previsora, abría su paraguas desteñido lleno
de una infinidad de pequeñas picaduras luminosas. Un *en-tout-cas*
de familia, apolillado de estrellas y con un piquete enorme: la   15
luna.[14] ¡Qué indiferencia, qué desidia, y, sobre todo, qué pobreza
delataba ese paraguas sin zurcir de la noche campestre!,[15] y, sin
embargo . . . , ¡con qué derroche plateaba los viejos muros, los
troncos de los eucaliptos y el patio de la Posada del Crucero
. . . ¡perdón! . . . del Gran Hotel Continental!   20

¡Oh! Ciertamente le cuadraba mejor su antiguo nombre; pero
¿qué importancia tenía ello para pasar dos días de incógnito . . . ?
Porque de eso se trataba. Ya volvería a la ciudad . . .

—¿Y Davis?

—Herido.   25

—¿De gravedad?

—No sé . . . ¡tal vez! Se lo llevaron sus amigos a
Mendoza . . .

¡Qué abrazo tan efusivo le daría el coronel Carranza!

---

[13]**heno**   hay
[14]**Un *en-tout-cas* . . . luna.**   A family umbrella, moth-eaten by stars and with a huge
hole: the moon
[15]**qué desidia . . . campestre**   what laziness, and above all, what poverty was
revealed by that unmended umbrella that was the country night

Capítulo 25

Al día siguiente el dueño del Gran Hotel continental: un hombre gordo y bonachón con zapatos crujidores[1] y chaqueta abierta y blanca como su sonrisa, vino a turbar el sueño de Julián.

—Un telegrama para el caballero.

—¿Para mí? ¡Qué cosa más extraña!

Desde el fondo de su alma Pardo maldijo al "chauffeur":

—¡Claro, lo ha soltado todo! ¡Y tanto que le dije . . .!

Las letras azules se retorcían y alargaban como un lazo cimbrado por un vaquero experto: «Espéreme. Llevo orden carabineros para que nos escolten. Haremos escarmiento.— CARRANZA».

En un segundo comprendió la situación. El coronel no era hombre de quedarse así. A la amenaza del inglés respondía él con la suya. ¿Davis le iba a atacar a él con sus empleados? El se defendía con sus carabineros. ¡Una batalla campal en perspectiva! No había tiempo que perder.

Cuatro frases a Carranza explicándole que su concepto del honor le impedía detenerse; un caballo . . . , arrendado, comprado, ¡como fuera!; un guía que lo internara cerro adentro . . . ¡Nada más!

—Un caballo y un guía, don Pacomio. Pero, ¡rápido! ¡Ah! ¡Y un revólver!

En su precipitación, Julián se había olvidado de traer el suyo.

Media hora después, Pardo, en una nube de polvo, que en vano parecía sacudir la manta roja de su acompañante, se alejaba a todo galope por la carretera.

La enorme silla de "pellones"[2] le abría las piernas hasta descoyuntárselas, y los gruesos estribos parecían colgar de sus riñones, estirándole las fibras más recónditas y sacudiéndole las entrañas . . . A ratos sentía deseos de echar al diablo su amor propio, su dignidad, su honor; quedar como un embustero o un cobarde; alzar los brazos gritando "kamerade" y entregarse en manos de Carranza.

---

[1]**zapatos crujidores**   creaky shoes
[2]**silla de "pellones"**   fur saddle-pad

Sólo cuando empezó a obscurecer y los caballos tomaron ese 1
paso cadencioso y largo que va sacudiendo el rendaje[3] como un
péndulo, al compás de las cabezas de las bestias, Pardo tuvo aliento
para conversar:

—¿Cómo te llamas? 5

—Serafín.

—¿Eres de aquí?

—No, patrón; pero estoy desde "guainita".

—¿Y ese vendaje en la cabeza?

—Del salteo . . . 10

—¿Hace tiempo?

—Más de un mes. Me pegaron con una "garabina" . . .

—¿Cómo fue eso?

El hombre sacó una petaca y lió un cigarrillo.

—Así no más, pues, patrón. Había vendido unos "bueycitos" 15
. . . Parece que los niños lo supieron y se dejaron caer a eso de la
oración. Aturdieron a la vieja, amarraron a las dos chiquillas
. . . No se oían más que lamentaciones . . . A mí me sujetaron entre
dos y me suspendieron a una viga.

"—¿Onde[4] está la plata?" 20

Y yo callao. Y estos brutos comenzaron a pegarme.

"—¿Onde está la plata?"

Y yo como un cementerio.

"—¡Taitita! ¡Dígale, por Dios!"

Y estos brutos, golpe y golpe. ¡Por ésta, patrón, que ya se las 25
largaba! Y seguían, ¡dar que es güeno! Ya no podía más . . . ya iba
icirles,[5] cuando . . .

El rostro de Serafín se iluminó con una expresión beatífica.

—¡Quién le dirá, patrón! ¡La suerte del pobre!, cuando ya iba
a confesarla, llega uno por detrás y me ajusta un culatazo[6] en la 30
cabeza . . .

La cara cobró una expresión aun más dichosa.

---

[3]**sacudiendo el rendaje**   shaking the reins
[4]**Onde**   = Donde
[5]**ya iba icirles**   = ya iba a decirles
[6]**me ajusta un culatazo**   he hit me with the butt of his rifle

1   —Me aturdió al tiro, patrón. ¡Libré la plata!

Dio una chupada al cigarrillo, se alzó con una mano el sombrero de pita, y añadió:

—Fue aquí, cerca de la nuca. ¡Palabra que si supiera cómo se
5 llama el hombre, le mandaba un cordero! ¡Si no es por él! . . . ¡La
plata estaba perdida! . . . ¡Fue lo mesmo que un milagro!

Y después de un silencio, agregó:

—Puée que no fuera milagro, pero yo de todos modos les dije
a las chiquillas que le prendieran una vela a mi padre San Antonio
10 por si acaso . . . , porque ha de saber su mercé que yo soy "nacío"
y "envacunao" en la religión cristiana.

Se había hecho de noche y los caballos avanzaban cada vez
más lentamente por entre los matorrales que cubrían la quebrada.
Julián pensó que a esas horas los carabineros, al mando del coronel
15 Carranza, recorrerían el campo tratando de encontrar su rasto.[7]

—¿Eres hombre de guardar un secreto, Serafín?

—¡Claro, patrón!, cuando no largué lo de la plata . . .

—¡Bien! A mí me andan buscando los carabineros . . .

Serafín lo miró con ojos recelosos.

20   —No es por nada malo. Es que quiero arreglar cuentas con
un gringo, y no es bueno que aparezcas mezclado en este asunto.
Da un rodeo y no vuelvas a tu casa hasta mañana.

—¡No me pillan nunca!

Julián le extendió la mano; en ella iba un billete.

25   —Gracias, patrón. ¿Para qué fue a molestarse?

Se llevó la diestra al sombrero y dio media vuelta a su caballo.

Pardo le vio esfumarse como una mancha rojiza en la lejanía,
e inclinándose sobre el arzón de su montura,[8] se internó por el
sendero cada vez más estrecho que bordeaba la quebrada negra y
30 rumorosa.

Los cerros se perfilaban a lo lejos, oscuros y deformes, como
animales en reposo. Un vaho espeso[9] se levantaba de sus lomos y
parecían rumiar plácidamente con el ruido monótono del arroyuelo

---

[7]**rastro**   trail [whereabouts]
[8]**el arzón . . . montura**   the fore bow of his saddle
[9]**vaho espeso**   heavy mist

que corría al fondo y de las hojas estremecidas por el viento. Era 1
un rumor constante, impregnado de un vago misticismo como el
eco de un rosario rezado a media voz, en que se funden cien tonos
diferentes. El viento, el agua y las hojas murmuraban soñolientos
su oración. Acaso en ese mismo instante Leonor también 5
rezaba . . .

Con el corazón oprimido de angustia, Julián creyó percibir esa
plegaria: "Dios te salve, María, llena eres de gracia . . ."

Y luego una carcajada estridente como el canto de un grillo:
Goldenberg, que bromeaba con Anita: 10

—¡Tonto! ¡No me hagas cosquillas!

—¡Oh! Es usted muy quisquillosa.[10] ¿No se dice quisquillosa?
¡Caramba!, pero esa voz no era de Goldenberg.

Julián conocía demasiado ese acento británico, esas sílabas
trituradas por unos dientes largos y amarillos, para poder equivo- 15
carse . . . ¿Davis? ¿Entonces, Davis . . .?

Sintió frío. Un frío extraño que no era de este mundo y parecía
deslizarse como una mano de muerto por su espalda, subiendo
poco a poco hasta frisarle el pelo de la nuca.

No se atrevía a volver la cabeza; sin embargo, todo estaba 20
tranquilo a su alrededor.

Estrechado por los cerros, el cielo se abría arriba, circular y
solitario como un corral abandonado.

Sin darse cuenta, Julián oprimió los ijares[11] de su caballo que
partió al trote, abriéndose paso entre los arbustos. Las ramas le 25
rasguñaban al pasar.

—¡No importa! Hay que salir pronto de aquí . . .

La mano helada seguía rozándole el cabello, los brazos y las
piernas. Julián sentía que toda su piel se engranujaba. ¡Qué frío y
qué soledad! 30

En apretado rebaño[12] las nubes iban llenando el cielo. Entra-
ban atropellándose, como si se acogieran al redil.[13]

---

[10]**quisquillosa**   ticklish
[11]**oprimió los ijares**   pressed on the flanks
[12]**apretado rebaño**   closely knit flock
[13]**redil**   sheepfold

1   Apenas se divisaba el borde de la luna, plateado y amenazante
como un "corvo". Brilló un momento y se perdió.

Julián espoleó el caballo y comenzó a bajar la loma, erizada
aquí y allá de negros matorrales.[14] La noche, como un murciélago
5 inmenso, parecía golpearle el rostro con sus alas membranosas.

De repente, el caballo se detuvo. Bajó el cuello, echó adelante
las orejas, olfateó ruidosamente el suelo, Julián le clavó con furia
las espuelas. El caballo dio una especie de bufido y retrocedió con
violencia, como si alguien le cogiera de las riendas.

10   Julián sintió también que a él le cogían por el pecho.

—¡Vamos! ¡Adelante! ¡Vamos!

Y apretó las piernas; le pareció que el caballo daba un salto
y que él mismo volaba por los aires . . . Luego, un ruido de ramas
que se quiebran, un dolor insoportable en la cabeza . . . , y un sonar
15 de campanillas que parecían alejarse poco a poco . . .

—¡Vamos! ¡Vamos!

La voz sonaba ahora con un acento muy distinto. No veía
nada . . . Todo estaba obscuro; no podía mover el brazo izquierdo,
pero con la mano libre buscaba a tientas el revólver.

20   —¡Vamos!

—¡Canalla!

—¿No venía usted a matarme?

A pocos pasos de distancia, Davis, cruzado de brazos, le esperaba. En la densa obscuridad su cara se veía sólo por instantes
25 iluminada por la pipa que sostenía entre los dientes. Al aspirar el
humo, la pipa se encendía y lanzaba un furtivo reflejo a los anteojos
negros, a la nariz de ave de rapiña[15] y al revólver, que también Davis
tenía ya en la mano.

—¡Dispare, si se atreve, míster Pardo!

30   —¡Canalla!

—Yo daré la voz de mando.

Julián, loco de ira, y arrastrándose como una fiera herida,

---

[14]**matorrales**   thickets
[15]**ave de rapiña**   bird of prey

pugnaba por arrancar su revólver del bolsillo. Ahora veía claro la 1
cabeza del inglés, recortándose en la sombra como una máscara
encendida.

—"¡One . . ., two . . ., three . . .!"

Se oyó el eco simultáneo de los dos disparos, el revólver se 5
escapó de la mano de Julián y la cachimba de Davis estalló como
un fuego de artificio . . . ¡Qué diluvio fantástico de estrellas!, pero
. . . ¡Oh! ¡Cómo le dolía la cabeza! El corazón le palpitaba dentro
de ella, golpeándole las sienes como un martillar de fragua[16] . . .
Era un tormento horrible, y sin embargo: "Yo estoy vivo; yo estoy 10
vivo", repetía con un gruñido salvaje de entusiasmo.

Y de lo alto del cielo, las estrellas seguían cayendo lentamente
como una lluvia que se extingue . . . Ya apenas unas pocas quedaban resplandeciendo como gotas, prontas a deslizarse en la cúpula
del firmamento. 15

Sumergido en una especie de sopor, Julián las miraba ahora
con los ojos muy abiertos. Una brecha azul verdosa rasgaba las
nubes negras,[17] y a la indecisa claridad veía la gruesa rama caída
sobre el pecho. Su cabeza reposaba en un raíz saliente y una de sus
piernas se hundía en una charca. 20

Cerca, en un espacio libre de árboles, el caballo pastaba con
las riendas en el suelo.

Pardo se incorporó con un supremo esfuerzo. Todo el cuerpo
le dolía; el suelo parecía vacilar bajo sus pies. Torpemente fue
acercándose al caballo y se abrazó a su cuello como implorando 25
protección. Levantó las riendas, volvió al lomo la silla caída casi
hasta el abdomen del animal, se palpó la cabeza tumefacta[18] —¡qué
golpe!—, y puso el pie en el estribo.

Un resplandor rojizo se levantaba de los cerros. Comenzaba
a aclarar. Espoleó el caballo y sobreponiéndose a la fatiga y al dolor 30
que le agobiaban, comenzó a descender por el lomaje.

---

[16]**golpeándole . . . fragua**   pounding against his temples like the hammering on a
forge
[17]**Una brecha . . . negras**   A greenish blue hole was ripping the black clouds apart
[18]**tumefacta**   swollen

1   ¡Estaba salvado! Entre esos negros matorrales, largo y amarillo como una rama tronchada,[19] quedaba Davis en el campo
. . . Los pájaros vendrían a posarse en sus brazos macilentos,[20] en
sus manos nudosas, en sus piernas contraídas, en su cara surcada
5 de arrugas[21] y, como a un viejo quillay,[22] le irían arrancando la
corteza . . . ¡Cómo picotearían los anteojos buscando las pupilas
azulejas! Porque Davis estaba muerto definitivamente; el
tiro . . .
      Julián buscó en el bolsillo el arma para cerciorarse,[23] ya sin
10 sobresaltos, a la luz del día, de que la bala había sido disparada.
Pero el revólver no estaba. Había saltado lejos al salir el tiro
. . . Después voló la cachimba[24] como un fuego de artificio . . . Lo
recordaba exactamente. ¡Qué puntería la suya!, ¡y qué escapada!
Porque la bala de Davis debió pasar rozándole la frente . . . Bueno;
15 pero él no era el culpable; Davis lo provocó: "¡Dispare si se atreve,
míster Pardo!" ¡Tenía su merecido!
      ¡Con qué alegría galopaba ahora Julián por esa larga avenida
de álamos rectos y enfilados, que parecían presentarle armas!
      —¡Se acabó Davis! ¡Nunca más volverá a entrometerse en mis
20 negocios, ni a hacerle la corte a Anita, ni a dirigirme palabras
insolentes!
      ¡Qué alegría la de Leonor al verlo en salvo! ¡Con qué orgullo
referiría a Anita el lance!
      "—¡En la noche, fíjate . . . , solos . . . , sin padrinos . . . !
25   ¡Y Julián que acababa de recibir un golpe horrible! ¡Es muy
valiente!"
      ¡Qué abrazo le daría el coronel Carranza!

---

[19]**rama tronchada**   broken branch
[20]**macilentos**   emaciated
[21]**zurcada de arrugas**   furrowed with wrinkles
[22]**quillay**   a soapbark tree [that has almost become extinct in Chile]
[23]**cerciorarse**   to make sure
[24]**cachimba**   smoking pipe

Capítulo 26

Las caretas colgadas en largas sartas penden como guirnaldas
de flores exóticas en la puerta de la juguetería.[1] Hay caras plácidas
y caras tristes, flacas y rollizas, torvas y grotescas.

El viento pasa y sacude las máscaras. Se agitan y parecen 5
cuchichear.[2] Algunas se tuercen hacia un lado como esquivando el
saludo; otras siguen mirando distraídas desde el fondo de sus ojos
vacíos. No piensan, ¡qué van a pensar! Sin duda no tienen intención
de hacer un desaire,[3] ¡claro está! Mantiene cada cual su gesto, su
mismo gesto de siempre, pero, ¡cómo se asemejan esas caretas, que 10
evitan el saludo o se sonríen con muecas burlonas, a las caras que
ha visto esa mañana en la calle, en el Club, en la Bolsa!

No hay para Julián en toda la ciudad más que unos ojos puros
y un rostro ingenuo y franco; los de Nito. Y el chico también quiere
una máscara. Cogido de la mano de su padre, insiste por décima 15
vez en su petición:

—Papá, yo "quielo" una cabeza de payaso.

—Bueno. ¡Qué se le va a hacer!

Compra la careta y regresa lentamente a la casa con el chico.

Julián no tiene valor para luchar con ese ambiente impalpable 20
de antipatía o de reproche que siente a su alrededor.

Ni un solo amigo se ha acercado a saludarlo. Y no es que
ignoren la noticia: nada de eso. El día antes, los diarios de la tarde
se encargaron de publicar a todo el ancho de sus páginas "el gran
incidente personal entre el conocido hombre de negocios Mr. Wal- 25
ter Davis y el señor Julián Pardo". Así: todos los calificativos eran
para Davis. ¡Él era un cualquiera!

Uno de los diarios llevaba el desparpajo hasta el extremo de
publicar un retrato de Davis.[4] Por lo visto el cronista no se quedaba

---

[1]**Las caretas . . . juguetería.**   The masks, suspended on long strings, hang like
garlands of exotic flowers on the door of the toyshop.

[2]**cuchichear**   to whisper

[3]**hacer un desaire**   to snub

[4]**Uno de los diarios . . . Davis.**   One of the newspapers had enough self assurance
to publish a picture of Davis.

1 corto . . . ¿No había encontrado una fotografía auténtica? Pues
bien; venga la de cualquier señor de aspecto inglés . . . El que mejor
cuadre con el personaje, el más buen mozo. ¡Y no tenía mal gusto
el muy bandido! El retrato publicado hacía realmente honor a la
5 raza británica. Un hombre bastante joven, de facciones bien
delineadas; frente amplia, nariz recta y labios de una finura casi
femenina . . . ¡No se parecía en nada a Davis! Pero lo cierto es que,
al lado de él, el retrato de Julián aparecía desmedrado[5] y ridículo.
¡Lo mismo que en la información!
10   —¡Oh! ¡Los diarios se inclinan siempre al poderoso! —pensó
Julián con amargura.
          Y ese diario era precisamente el que había visto Anita la tarde
anterior, al volver del biógrafo.[6] El periódico estaba sobre la mesa
de la sala, y se detuvo a hojearlo distraídamente. En la tercera de
15 sus páginas su ojos tropezaron con el funesto párrafo.
          —¿Cómo? ¿Julián con Davis? ¡Qué horror! Pero . . . ¿por qué?
          Por un momento creyó ser ella la protagonista y una oleada
de sangre le subió a la cara.
          —¡Celos . . . , seguramente celos . . . !
20   Le costó seguir las letras, que parecían huir ante sus ojos.
Afortunadamente la información no decía una palabra sobre la
causa del duelo. Frases imprecisas . . . Desacuerdos por motivos
de carácter comercial.
          Sin fuerzas para leer, se dejó caer en un sofá. Allí Julián le
25 había besado por primera vez. Le parecía algo muy vago y muy
lejano . . . ¡Una locura! Ahora ese recuerdo casi la molestaba. Tenía
el presentimiento[7] de que Davis había muerto . . . Nunca había
logrado conocerlo —Julián con sus estúpidos celos se negó siempre
a presentárselo—; cuando la salvó de la quiebra ni siquiera pudo
30 darle sus agradecimientos . . . , y ahora le veía por primera vez
. . . ¡Qué buen mozo era! ¡Tal como ella se lo había imaginado!
¡Razón tenía Julián en ocultárselo! Sentía que una angustia, amarga

---

[5]**desmedrado**   emaciated
[6]**biógrafo**   = cinema
[7]**presentimiento**   premonition

y honda como un mar, iba subiendo poco a poco hasta ahogarla. 1
Sí; ésa debía ser la sensación de los obscuros farallones[8] cuando
empiezan a cubrirlos la marea . . . Frío, obscuridad, silencio
. . . Los ojos anublados de lágrimas, un sabor salobre en los labios,
una asfixia, una inquietud . . . , y el pensamiento como un pájaro 5
volando entre la niebla . . .

Recordaba cuando Graciela le habló por primera vez de
Davis.

"—Mejor que no lo conozcas. Si lo ves, te vas a volver loca
por él . . . Dicen que no hay un hombre más simpático . . ." 10

Y en el fondo del corazón, guardaba ahora bajo siete llaves la
profecía de Madame Bachet:

"—Usted se enamorará de un hombre que no existe . . . Un
príncipe, un rajá . . . Un multimillonario . . . No lo veo bien
. . . , pero es un extranjero . . . , un poderoso, capaz de hacer y 15
deshacer fortunas . . ."

—Pero ¿no me dice usted que ese héroe no existe? ¡Que conquista más graciosa! —había exclamado entonces ella riendo a
carcajadas.

Y ahora Davis no existía . . . y ella, que nunca lo vio en vida 20
oprimía con desesperación el retrato, y lloraba . . . ¡La predicción
de la adivina! ¿Por qué no tuvo antes valor para afrontar los celos
de Julián y decirle: "Créeme loca, piensa de mí lo que mejor te
plazca, pero preséntame a tu socio. ¡Te lo exijo!" Mas, ¿cómo iba
a imaginarse . . . ? 25

Un escalofrío recorrió su cuerpo. Hundió la cabeza en el sofá
y permaneció allí largo rato sollozando, con los labios pegados al
retrato, que parecía preguntar, con sus pupilas atónitas: "¿Qué
pasa? ¿Esta mujer se ha vuelto loca? ¡Cómo me ha puesto con el
"rouge" de sus labios!" 30

Realmente, la figura de Davis, llena de manchas bermejas,[9]
parecía la de un asesinado. El periódico había sido más parco[10] al

---

[8] **farallones**   out-jutting rocks
[9] **manchas bermejas**   bright red spots
[10] **parco**   restrained

1 advertir que no existían aún noticias fidedignas[11] del resultado del lance, pero que los rumores circulantes permitían colegir[12] que el señor Davis había quedado gravemente herido.

No se necesitaban más detalles para formar ese ambiente de 5 reticencia y mala voluntad en que Julián se debatía.

—¡El tal Pardo era un canalla! ¡No había motivo alguno para el duelo . . . , y hay que ver que no le debía al otro su fortuna!

No era raro que así opinara el público. ¡El dinero inspira tantas consideraciones, y cuántos se habían enriquecido en esos 10 días especulando a la sombra de Davis!

Julián no tenía derecho a extrañarse.

La misma Leonor, con todo su cariño, le había recibido con la voz temblorosa de emoción:

—Pero . . . , no lo has muerto, ¿verdad? ¡Dime, por Dios, que 15 no lo has muerto!

Cualquiera hubiera creído que la vida de Davis le interesaba a ella tanto como la de su marido.

—¡Habla, Julián! . . . Dime, ¿qué ha sido de Davis?

—¡Qué te importa! —gruñó Julián, blanco de ira.

20 Creía oír la carcajada homérica de Davis.

—Ya ve usted, míster Pardo . . . Hasta en su casa hay personas que se interesan por mi suerte.

Y Julián pensó que no había muerto; más aún, que no podía ni siquiera decir que lo había muerto.

25 Leonor permanecía frente a él con los ojos llorosos. ¡Nunca la había tratado Julián en esa forma!

—Perdóname —dijo él con lentitud—. ¡Estoy tan nervioso! ¿Querías saber de Davis? Bueno . . . Bueno . . . Una herida en el brazo únicamente . . .

[11] **fidedignas**   reliable
[12] **colegir**   infer

Capítulo 27   1

Ahora Davis, zunco y todo,[1] se vengaba.

La Pobreza —la pobreza con mayúscula— había bajado lentamente como una neblina. La vida se ensombrecía; las cosas más
risueñas, arrebujadas en la bruma, tomaban aires de fantasmas[2] y   5
el horizonte se estrechaba más y más . . . Julián se veía apenas sus
manos, agitadas por un temblor extraño. No tenía ya a quién
tenderlas.

Fue asunto de pocos meses. Al principio, la pobreza se con-
tentó con perseguirlo desde lejos; llegaba al Banco y le substraía   10
algunos bonos;[3] iba a la Bolsa y sugería al corredor la idea de
exigirle mayores garantías; con timideces de vieja pordiosera[4] se
acercaba a sus amigos del comercio y les susurraba al oído mil
mentiras. "Don Julián no tiene ahora la fortuna que antes. Hay que
andarse con cuidado".   15

Naturalmente, la pobreza no procedía por impulso propio.
Era una simple mandataria. Davis, oculto en la neblina, dirigía la
maniobra.

Un día, la pobreza llegó hasta la propia casa. Fue preciso
hipotecar la propiedad.   20

En medio de esa atmósfera de liquidación, Leonor recibió el
anillo de esmeraldas . . . El anillo de Davis . . .

Ni se atrevió a usarlo.

Julián oía a todas horas la carcajada sarcástica de Davis:
"Pobre míster Pardo . . . , ¡le va a ir mal!"   25

La gente también decía lo mismo; en un corrillo,[5] en la Bolsa,
Julián lo había oído:

—¡Psch! ¡Verás cómo ahora sin Davis no es capaz de nada!

---

[1]**zunco y todo**   one-armed and all
[2]**las cosas . . . fantasmas**   the happiest things, cloaked in a mist, were taking on
a ghostly appearance
[3]**le substraía . . . bonos**   [the Bank] would cash in a few bonds for him
[4]**con timideces . . . pordiosera**   with the shyness of an old beggar woman
[5]**corrillo**   group

1   Se referían a Julián.

Y para demostrar lo contrario, había especulado . . . Una gran
especulación con éxito funesto . . . ,[6] luego otras más pequeñas
. . . , otras . . . y otras . . .

5   No era tan fácil conseguir crédito. En todas partes tropezaba
con respuestas parecidas.

—Con Davis, este préstamo habría sido fácil concederlo;
pero, ahora, disuelta la sociedad[7] . . . En fin, puede que el
Consejo . . .

10   Las especulaciones de Julián se iban haciendo cada vez más
chicas. Por fin, desesperado, intentó un golpe decisivo. La suerte
le perseguía.

Se corrió la voz de que Davis especulaba en contra suya.
Perdió. Pardo quedó materialmente en la calle.

15   La Pobreza había entrado ya en su casa. Se divertía a costa de
su víctima. A veces cortaba el gas; otras, envalentonaba a un cobrador para que lo injuriara[8] . . . Un día interrumpió la luz eléctrica
y lo dejó a obscuras.

La carcajada de Davis fue horrorosa y Julián la escuchó toda
20 la noche, insomne, revolviéndose en la cama con un solo pensamiento grabado en la cabeza:

—El lunes vence una letra por treinta mil pesos . . . , y no tengo
siquiera con qué pagar la luz.

Fue preciso rematar la casa. Hasta el caballo obsequiado a
25 Davis por Bastías cayó en la liquidación.

El propio ex-socio pareció espantado:

—¡Venderme mi caballo! ¡Oh, es un colmo! ¡Míster Pardo:
Usted se extralimita en los negocios! ¡No es correcto, míster
Pardo!

30   Julián no trabajaba. Con las manos en los bolsillos se paseaba
todo el día de un lado a otro, oyendo la risa de Davis. Era una risa

---

[6]**con éxito funesto**   ill-fated
[7]**disuelta la sociedad**   the partnership dissolved
[8]**envalentonaba . . . injuriara**   [Poverty] would embolden the bill collector to insult
him

metálica, como si a través de un caño de hoja de lata se deslizara 1
un torrente de libras esterlinas.[9]

Ya todo le parecía indiferente; las ilusiones habían terminado.
Trataba de consolarse pensando que su opulencia había sido un
sueño y que ahora no estaba peor que antes . . . Aquellos tristes 5
días en que descontaba letras con la cooperación de Luis Alvear
. . . ¡Oh! ¡Pero aquéllos no podían compararse! Entonces había
ensueños, esperanzas . . . ¡Anita! . . . Ahora había terminado
todo . . .

Como una pesadilla recordaba la última vez que habló con 10
ella. Acababa de batirse con Davis y, como Anita no diera señales
de vida, la abordó en la calle. Iba arrogante al lado de Graciela;
ni siquiera se volvió para mirarle:

—¡No acostumbro a conversar con asesinos! ¿Oye usted?

Sintió la misma impresión de un salivazo en plano rostro.[10] 15
Aún ahora la sentía . . .

Todo había concluído para él. ¿Todo? ¡No! Pensó en Leonor,
en el niño, en el hogar . . . Eran su último refugio. Allí estaba la
verdadera vida. ¿Por qué había renunciado a su felicidad? Leonor
no le rechazaría . . . 20

¡Llegar a ella, abandonarse en sus brazos como un niño, soñar,
dormirse a la sombra de sus grandes ojos negros, desentenderse un
momento, siquiera un momento, de esa carcajada absurda que le
taladraba los oídos . . . ! Y luego oírla hablar, dulcemente, tier-
namente, como antes . . . 25

Pero todo había cambiado. La casita de arriendo, enfurruñada
en una plaza de arrabal,[11] no abría como la otra sus ventanas azules,
con ingenuo asombro, entre los árboles frondosos. Ésta miraba
torvamente. Sus ojillos de bizca se volvían hacia adentro. Parecía
tramar algo . . . ¿qué más? Ni siquiera se respiraba allí ambiente 30
de hogar. Los muebles eran viejos, ciertamente, pero comprados al

---

[9]**como si . . . esterlinas**   as if an avalanche of sterling pounds were sliding down
a metal tube
[10]**Sintió . . . rostro.**   He felt as if someone had spit in his face.
[11]**La casita . . . arrabal**   The little rented house, angrily perched in a slum

1 lance aquí y allá, su historia era desconocida. Otras cabezas habían desgastado el tapiz de los respaldos y otros niños habían hundido los resortes del sofá . . .

¡Pobres muebles! Llegaron a la casa con esa expresión cansada
5 de los viejos emigrantes que ignoran el idioma y se mantienen a distancia, temerosos y hostiles. Daban la impresión de estar en movimiento.

Todo estaba revuelto, y Leonor, sin nadie que la ayudara, corría de un lado a otro, tratando de poner un poco de orden en
10 la casa desmantelada y triste.

No era buen momento para hablarle de cosas sentimentales. Su voz tenía un dejo de amargura al contestarle:

—¡Bah! ¡Julián, no te lamentes! Tú mismo lo has querido . . . Cierto es que Davis era un poco raro y te obligaba a trasnochar
15 algunas veces . . . , pero, así y todo, era bueno . . . Podías haber tenido más paciencia . . .

Julián enmudeció. ¡Su mujer, su propia mujer justificaba a Davis! ¡Con qué aire lánguido decía de él: "era bueno" . . . como si se tratara de un amigo!
20 Bajó la cabeza y permaneció largo rato con las manos entrelazadas, en un gesto de impotencia. No pensaba en nada, miraba sólo el extremo de sus mangas en que sobresalían pequeñas hilachas[12] negras.

La Pobreza había tomado tal confianza que se divertía en
25 deshilar las mangas y sacar reflejos[13] del cuello y de los codos.

[12]**hilachas**   threads
[13]**sacar reflejos**   to make shiny [to wear out]

Capítulo 28

El niño estaba muy grave. En la desmantelada piececita se oía un estertor constante.

La pequeña cabeza con sus rizos negros, húmedos por la transpiración, se agitaba entre las almohadas con un movimiento 5 monótono; las manecitas parecían arañar suavemente las sábanas.

Julián, sentado en una silla de Viena, con las espaldas inclinadas y la frente apoyada en una mano, trataba de rehuir la terrible pesadilla y, para no mirar la tragedia que se desarrollaba junto a él, fijaba los ojos turbios de llanto[1] en otro extremo de la 10 habitación . . .

En el muro, el papel celeste había sido desgarrado, y se veía una silueta oscura. El "alefante". Así lo llamaba el "Nito". Al principio era sólo una insignificante rotura: era el "pollito". Después el chico le sacó otro poco y se convirtió en el "gato" . . . Hacía 15 apenas seis días, con un nuevo desgarrón,[2] había pasado a ser "el alefante".

Tal vez era un recuerdo tributado a aquel famoso elefante que le regalara míster Davis . . . Todo . . . , hasta los juguetes habían caído en el remate . . . Davis —el gringo malo, como lo llamaba 20 "el Nito"—había hecho perder plata al papá y se había llevado los juguetes . . . No le quedaba más que un mono de trapo que dormía allí a su lado.

Al fondo del corredor se oía el paso rápido de Leonor preparando algún remedio. Julián, al pensar en ella, sentía que un sollozo 25 le oprimía. ¡Qué buena era!, ¡Qué dulce, qué abnegada! ¡Qué distinta de Anita! ¡Cómo había podido él . . . !

Y clavaba los ojos en la vela, cuya luz rojiza parecía agrandarse con un nimbo movible[3] a través de las lágrimas. Al centro de esa aureola,[4] la llama azuleja se alargaba como un gusano, un 30

---

[1] **turbios de llanto**   clouded by tears
[2] **desgarrón**   tear or rip
[3] **un nimbo movible**   a movable halo
[4] **aureola**   halo

gusano que iba devorando poco a poco la vela. Roía con chispo- 1
rroteo imperceptible⁵ . . . Un estertor débil que coreaba como un
eco el otro . . . , el que repercutía sordamente en el cerebro de
Julián . . .

El niño se agitó de repente. Con los ojos muy abiertos y las 5
manecitas temblorosas, trató de erguirse en las almohadas. Dio un
grito ahogado:

—¡Mamá! ¡ El gringo! . . .

Julián se levantó de un salto y se inclinó para tocarlo.

—¡El gringo! . . . ¡Ahí! 10

Mostraba la pared. Julián miró. Una sombra negra se inclinaba, alargando los brazos como si quisiera estrangular al enfer-
mito.

En ese mismo instante el chico se llevó las manos al cuello.

—¡Ay! ¡Ay! 15

Al grito de Julián llegó Leonor, sobresaltada.

—¡Dios mío! . . . ¿qué hay?

Julián había caído sin fuerzas a los pies de la cama . . . La
sombra cayó con él. Ahora la vela iluminaba el papel desteñido del
muro . . . El chico seguía agitándose . . . 20

—¡Fue Davis! . . . ¡Fue Davis! . . . —repetía Julián sordamente,
apretándose los ojos con las manos.

—¡Hay que ir a buscar al médico! ¡Pronto! ¡Ya! ¡Inmediatamente!

Julián se levantó y corrió a la calle. La sombra se descolgó de 25
la pared y corrió tras él. Sentía sus pasos precipitados y angustiosos
que le seguían por la acera, remedando el sonar de sus tacones.⁶

En la calle desierta no había ni un automóvil, ni un
coche . . .

Julián corría. Al torcer una callejuela, la sombra pareció adelan- 30
tarse, y un individuo largo, con un paletó verdoso,⁷ lo detuvo.

—¡Alto! ¿Hay incendio?

---

⁵**Roía . . . imperceptible**   It was gnawing with an imperceptible spluttering
⁶**remedando . . . tacones**   imitating the sound of his footsteps
⁷**con . . . verdoso**   with a greenish overcoat

1   Tenía un marcado acento inglés.
    —¿Incendio? ¿Incendio? ¡Estúpido!
    —¿Cómo?
    —¡Infame! ¿Por qué te burlas? ¿Hasta cuándo? . . .
5   Lo cogió de las solapas y trató de estrellarlo contra el muro.
    El individuo lo asió también.
    —¡Al asesino! ¡Me quieren matar a mi hijo! . . .
    —¡Al loco! ¡Al loco!
    Julián logró arrojarlo al suelo . . . Rodaron por la cuneta[8] llena
10 de lodo, azotándose en la solera de piedra[9] . . . pero Julián quedó
    encima . . . Ahora sentía que sus dedos se hundían en la garganta
    del inglés y que un estertor acompasado y ronco —el mismo del
    niño enfermo— le taladraba los oídos . . .
    —¡Toma! ¡Toma!
15 Sintió que unos brazos fuertes le sujetaban por la espalda.
    —¡A la comisaría!
    Era un guardián. Dos o tres noctámbulos,[10] con las caras
    demacradas y los ojos saltones, les rodeaban haciendo comentarios.
    —¡Es un loco! Ha querido asesinarme . . .
20 —¡Es Davis, guardián! ¡Es Davis! . . . —gritaba Julián, ronco
    de ira.
    —¡A la comisaría!
    —¡Mi niño se muere!
    —¡Andando! ¡Rápido!
25 No hubo remedio.
    Cuando al amanecer Julián logró salir —un oficial le conocía
    y obtuvo que le dejaran libre con su fianza—, ¡ya era demasiado
    tarde! . . .
    Embarrado, sucio, lleno de sangre, tropezó con Leonor en la
30 escalera. Estaba muy pálida. En sus ojos vio pasar como un relám-
    pago la terrible acusación. "¡El niño ha muerto! ¡Tú eres el culpa-
    ble!"

---

[8]**Rodaron . . . cuneta**   They rolled along the curb
[9]**azotándose . . . piedra**   pounding each other against the stone curb
[10]**noctámbulos**   night owls

Fue sólo un segundo. Se abrazó a él y prorrumpió en un llanto 1
histérico.

Capítulo 29

Aquel abrazo fue como una despedida. Leonor casi no hablaba, apenas levantaba la cabeza para contestar; parecía que temie- 5
ra que sus ojos fueran a traicionarla. Y sus ojos no sabían decir
palabras duras.

Cuando Julián quiso explicarle que Davis era el único culpable
de todas sus desdichas, ella hizo un gesto negativo.

—No hables así de Davis —dijo. 10

Pardo quiso replicar; pero no pudo. Su voz no se habría oído.
Davis le aturdía con sus carcajadas.

—¡Es inútil, míster Pardo! ¡Su señora me defiende! ¡Oh, todas
las señoras me defienden . . . ! No es precisamente muy correcto,
pero así son las cosas de este mundo . . . También usted firmó por 15
mí una vez cierta escritura. Dio razones: yo, a mi vez podría darlas.
Usted decía: no tengo la culpa. Tampoco tengo yo la culpa de esta
predilección de las señoras . . .

Se esmeraba en torturarle: le hablaba de la mañana hasta la
noche con un rumor constante, metálico y casi imperceptible, como 20
la marcha de un reloj. De pronto estallaba en una carcajada. Julián
quería gritar, pero él lo detenía:

—Es mejor que se calle, míster Pardo: podrían creerlo loco
. . . ¿me comprende? Usted no puede decirle a la señora que yo fui
quien mató al niño. No se lo creería; además, ella es muy virtuosa 25
. . . Seguramente es más que Anita . . .

De nuevo un golpe de risa parecía ahogarle, pero continuaba:

—No me mire de ese modo, míster Pardo. Sin duda los maridos son un poco ciegos. ¿Recuerda usted el caso de su amigo
Goldenberg? Le hallaba usted ridículo, ¿no es verdad? Sin em- 30

1 bargo, las compañías de seguros no toman sobre sí esta clase de accidentes. Prefieren riesgos menos ciertos: la muerte, verbigracia. ¿Ha tomado usted una póliza sobre la felicidad de su señora? Debía hacerlo, es muy simpática . . .

5 ¡Uf! Aquel monólogo era intolerable, y en la pequeña casa, cada palabra, cada ruido, parecía prolongarse en un eco melancólico. Desde que los pasitos del pequeño, alegres como un repiqueteo,[1] dejaron de sentirse para siempre, los entablados, las paredes, el techo, tenían sonoridades de tumba.

10 Pardo cogió el sombrero y se lanzó a la calle. Quería aire, luz, espacio.

Marchaba ligero, con la frente baja, mirando a hurtadillas[2] en todas direcciones. No fuera a encontrarse con algún acreedor. Detrás de cada árbol, de cada esquina, creía ver surgir a alguno que 15 se le aproximaba con gesto melifluo:[3]

"—Señor Pardo, ¿me podría cancelar la cuentecita?" Comenzaba a atardecer, cuando rendido por la larga caminata, llegó a la Quinta Normal y se dejó caer en uno de los bancos.

Desde el escaño[4] inmediato, oyó una voz conocida que le 20 llamaba:

—¡Don Julián! Este asiento está mejor. ¿No quiere hacerme compañía?

¡Maldita suerte! Era don Fortunato Bastías.

Arrellanado como de costumbre, con las piernas muy abiertas 25 y la cabeza sumergida entre los hombros, retiraba el diario y el sombrero que tenía sobre el banco, para dejarle espacio.

Pardo no tuvo más remedio que aceptar.

¡Qué pesadez! La eterna cháchara[5] quejándose de Goldenberg, y del engaño de la Sociedad Aurífera. Menos mal que él había 30 longrado escapar "con algunos cobrecitos".[6]

---

[1]**repiqueteo**   lively ringing of bells
[2]**mirando a hurtadillas**   looking on the sly
[3]**con gesto melifluo**   with a mellifluous gesture
[4]**escaño**   bench
[5]**cháchara**   chatter
[6]**"con algunos cobrecitos"**   with some of his money

Y de pronto la pregunta clásica, la pregunta que Pardo veía 1
venir a cada instante:

—¿Y míster Davis, don Julián? No tiene ya nada que ver con
usted, ¿verdad?

Pardo hizo un gesto de fastidio. ¿A qué entrar en confidencias 5
sobre tal sujeto? ¡Lo que faltaba era que Bastías fuera a hacerle un
panegírico⁷ de Davis!

—No sé de él . . . , ni me interesa—masculló.

—¡Era mal hombre el gringo!

Julián lleno de sorpresa, clavó los ojos en don Fortunato. 10

—¡Mal hombre, sí señor! Tal como suena. Yo lo creí al principio un caballero; y me ayudó, no tengo por qué negarlo, pero
después . . . ¡Qué desengaños se lleva uno en la vida, don Julián!
¿Recuerda usted el caballo negro que le mandé al señor Davis, en
septiembre? ¡Era una hermosura! Delgadito de nudos, bien for- 15
mado de pecho y con unas ancas . . .⁸ ¡no me diga nada! ¡Como que
era el de mi silla! ¿Y sabe usted lo que hizo el gringo? ¡Lo vendió!
Yo mismo, con estos ojos, lo he visto en una carretela.⁹ ¡Sinvergüenza! ¡Un hombre que no es capaz de agradecer ni los regalos que
se le hacen! Y pase que lo hubera vendido por necesidad, pero él 20
es millonario . . . ¡No tiene corazón! Ya ve lo que hizo con el señor
Goldenberg . . .

—¿Qué?

—¿No lo sabe? —Don Fortunato se llevó ambas manos a uno
y otro lado de la frente, y apuntó con los índices al cielo en la 25
actitud de un miura que se yergue al sentir las banderillas—.¹⁰ Se
lo he oído al propio don Willy López. Se veían en casa de una
modista francesa . . . Por eso el gringo le prestó acciones al señor
Goldenberg, para que no quebrara. Fue el modo de pagarle a la
señora . . . 30

---

⁷**panegírico** eulogy
⁸**y con unas ancas** and what fine haunches
⁹**carretela** public coach
¹⁰**en la actitud de . . . banderillas** like a fighting bull that straightens up upon
feeling the banderillas (banderillas used in bullfighting are barbed darts)

1 Julián miraba a Bastías con los ojos turbios y los labios entreabiertos. ¿De manera que también Davis se veía con Anita en
la casa de la calle del Rosal? ¿Y Madame Duprés no era la amiga
sino la intermediaria que facilitaba los encuentros? ¿Y sus acciones,
5 sus propias acciones de la compañía Aurífera eran . . . ? ¡Oh, cómo
se escribe la historia!

Pero don Fortunato, sin reparar en el asombro de su interlocutor, continuaba sus insidiosos comentarios.

—¡Ah, yo me alegré mucho, don Julián, cuando supe que
10 había cortado con ese hombre! A un individuo así no se le puede
recibir en ningún hogar respetable, porque, por muy buena que sea
una mujer, siempre está expuesta a la maledicencia! Y la genta
habla . . . ¿Quién puede impedírselo? Luego, tratándose de un
hombre raro que no sale sino de noche, como las lechuzas[11] . . . Yo
15 —créamelo usted—, cada vez que oía en el círculo que el señor
Davis iba tanto a verle, sufría . . .

Pálido de ira, Julián le interrumpió:

—Davis no fue nunca a mi casa.

Bastías abrió tamaños ojos.[12] Sus labios se agitaron como si
20 fuera a hablar, pero luego se contuvo. Muy azorado, se pasó la
mano por la frente. Después comenzó a dar vueltas y vueltas a la
cadena del reloj y preguntó a Julián si había ido a las carreras
. . . Según él, el caballo que tenía más expectativa era Tutti Frutti.

—¿No le gustan las carreras, don Julián?

25 Pardo hizo un signo negativo. Entonces don Fortunato sacó
el reloj y, pretextando que en su casa se comía muy temprano, "a
la antigua", se despidió.

*   *   *

Julián se levantó igualmente, y sin saber a punto fijo adónde
30 caminaba, con el sombrero en la mano, sin preocuparse de senderos
ni jardines, atravesó los prados y se halló fuera del paseo.

---

[11]**lechuzas**   owls
[12]**Bastías . . . ojos.**   Bastías opened his eyes wide.

La cabeza le bullía. ¡Ah! ¡Conque también se hablaba de él, de 1
su hogar, de su mujer! Ahora que estaba en la miseria, el "círculo"
de don Fortunato no encontraba mejor cosa que hacer que ensañarse en las tristezas de su casa. Davis le visitaba. ¡Qué gracioso!
Davis iba noche a noche a conversar con él . . . y con Leonor 5
. . . , naturalmente. ¡Oh, así se comentaba a lo menos entre los
íntimos de don Fortunato! ¿Y cómo dar con el autor de la calumnia? ¿Cómo? Ninguno se atrevería a contestarle categórica-
mente: "Yo lo he oído: Fulano lo ha dicho". Todo serían frases
vagas: "Me han interpretado mal. ¿Cómo ha podido pensar eso? 10
¿Quién va a dudar de la señora?" "Se dice", "se comenta", "se
rumora".

Nadie le contestaría la verdad. ¡Así son las cosas! ¿Y cómo va
a ser de otra manera? ¿O quería que un audaz la respondiera como
Willy López: "Sí, señor: yo he visto entrar a Davis a su casa a altas 15
horas de la noche"? ¿Qué podría contestarle?

El chico le vio una vez deslizándose como un fantasma negro
al lado de la camita donde agonizaba. También él lo vio esa noche.
Y no solamente ésa: muchas . . . Junto a la ventana, espiando tras
de la puerta . . . y en la calle, ¡ah, cuando se lo quitó la policía! 20

Davis iba a su casa, entraba en ella como en su propio domicilio. Había que sorprenderlo . . . ¡Nada más!

Recordó con pavor que meses antes, en el chalet de la avenida
Manuel Montt, al recogerse cerca de la madrugada, halló abierta
la entrada del jardín . . . ¿Y aquellas huellas que nadie supo expli- 25
car? Y ahora en la nueva casa ¿por qué se abría a veces "con el
viento" la ventana que daba al escritorio?

¡Con el viento! ¡Oh, Davis era un hábil cerrajero![13] Pero ya no
le valdrían sus argucias.[14]

Anduvo hasta dar con una oficina de mensajeros. Desde allí 30
escribió algunas líneas a Leonor.

Al salir, su cara tenía una expresión diabólica:

---

[13]**un hábil cerrajero**   a skilled locksmith
[14]**argucias**   subtleties

1   —¡Bah! ¡Si hay algo entre los dos, ya encontrarán el medio de
comunicarse!

Cuando vio que el mensajero partía con la carta, sintió un
descanso inefable.

5   Estaba sobre la pista. Esta vez, Davis no se le escaparía.

Siguió andando al azar "para hacer hora". Al cabo de mucho
rato, al pasar frente a una iglesia de arrabal, escuchó dar las ocho.
¡Con qué desesperante lentitud transcurrían los minutos! Le parecía verlos arrastrarse como hormigas en torno de la esfera. Una
10   legión de hormigas negras que iban repartiéndose por el mundo y
desgastando con sus mandíbulas minúsculas la vida, los ideales, las
resoluciones. Todo cede . . . todo se desmorona[15] . . .

Huyó de allí para substraerse a esa carcoma[16] que parecía ir
arrastrando molécula a molécula sus energías. Sin saber cómo se
15   encontró en su barrio.

Ante su pobre casa, las fuerzas le abandonaron por completo.
La luna, al caer sobre el alero,[17] proyectaba en la fachada la sombra
de las tejas como un manto raído,[18] y bajo el negro pañolón, la
casita asomaba su semblante de vieja enfurruñada.

20   En acecho[19] desde la esquina próxima, Pardo no se atrevía a
mirarla.

¡Qué vergonzosa, qué ridícula encontraba su actitud!

¿Tenía acaso algún motivo para dudar de su mujer? Y si ella
no era culpable, ¿cómo esperaba sorprender a Davis?

25   ¡Oh, y qué maravillosa trama había urdido para cogerlos in
fraganti![20] ¡Una cartita diciéndole a Leonor que se ausentaba, por
el día, de Santiago!

Hace miles y miles de años que los hombres no han descubierto otro ardid para cerciorarse de la fidelidad de sus mujeres,

---

[15]**todo se desmorona**   everything disintegrates
[16]**substraerse . . . carcoma**   to relieve his anxiety
[17]**el alero**   the eaves
[18]**un manto raído**   a frayed cloak
[19]**En acecho**   On the lookout
[20]**in fraganti**   in the act

que decirles: Estoy de viaje: no volveré esta noche a casa. A los 1
ratones se les caza con trampas; a las mujeres, con una maleta. El
marido es un ser que no evoluciona. Para burlar la astucia de los
animales se ha inventado un arsenal de aparatos ingeniosos: redes,
lazos, cepos de resorte.[21] Para burlar la decantada astucia femenina 5
no se ha inventado nada. ¡El pretexto del viaje únicamente! ¡Qué
trampa más gastada!

—¡Y sin embargo caen . . . , y sin embargo caen, míster Pardo!

Julián volvió la cabeza, azorado. La voz de Davis había
sonado clara y nítida en sus oídos; no obstante, en la calle no había 10
nadie.

≪¡Y sin embargo caen!≫ La trivial observación pareció cla-
varle en tierra como un martillazo, y, con el cuerpo disimulado tras
de la esquina, los nervios en tensión, el cuello hacia adelante y los
ojos con un movimiento monótono de faro que busca en la ob- 15
scuridad, Julián permaneció ahí toda la noche.

Al paso de cada transeúnte,[22] su corazón se recogía como un
gato que va a saltar, su vista se clavaba como una espada en las
tinieblas.

—¡Es Davis . . . ! ¡Es él . . . ! ¡Infame . . . ! —Pero el transeúnte 20
pasaba de largo . . . ¡No es él!

Columpiado por esa horrible incertidumbre, Julián vio llegar
el alba.

Pasaron muchos, muchos . . . , pero Davis no pasó.

---

[21]**cepos de resorte**   animal traps
[22]**transeúnte**   passer-by

Capítulo 30

El tiempo siguió arrastrándose lentamente como un arado en tierra dura.

Leonor, sin decir palabra, tejía largas horas junto a la ventana.

Julián, también en silencio, la miraba.

¿Presentía ella, acaso, que una vez frente a esa misma ventana su marido la celó una noche entera como si fuera una mujer culpable?

No, no podía sospecharlo; pero ¿por qué los ojos de Leonor no le miraban ya como antes?

Se diría que ahora huían de él; si alguna vez se fijaban en los suyos, era con una expresión casi de lástima; inmediatamente los bajaba como temerosa de que fuera a sorprenderle su secreto . . . , ¿qué secreto?

Julián no se atrevía ni siquiera a pensarlo. Esos ojos se abrían ante él, negros e insondables[1] como una noche tempestuosa.

El último rayo de luz había muerto en ellos con "el Nito".

Fuera de la casa el sol resplandecía, descascarando las paredes de los viejos edificios y manchando la plazuela de sombras violáceas. Al borde de la pila jugaban algunos chicos harapientos. Uno de ellos tenía el pelo ensortijado[2] como el niño . . .

Julián salía a la calle con el pretexto de buscar empleo —un empleo que estaba seguro de no encontrar nunca—. En realidad lo hacía para alejarse de la casa. Leonor también salía. Según ella, iba a la iglesia. Quizá trataba de huir de sus recuerdos.

Julián lo comprendía; pero temblaba ante la idea de que Davis le hablara de ese asunto. Era un hombre tan malévolo . . . ¿Qué no le diría?

Andaba ligero y sin mirar a nadie. ¿Para qué? Una tarde se encontró con Goldenberg y éste no lo saludó. El coronel Carranza le dirigía unas miradas furiosas por culpa del maldito desafío.

---

[1]**insondables**   unfathomable
[2]**ensortijado**   curly

Anita no le invitaba ya a su casa, y hasta Gutiérrez le esquivaba 1
el bulto[3] como si fuera a encomendarle una "orden para la Bolsa".

Sólo Luis Alvear le había detenido con el mismo afecto y buen
humor de siempre:

—¿No sabes la gran noticia? 5

—¿Cuál?

—Graciela acaba de tener una niñita.

—¿Sí?

—¡Una niñita! ¡Date cuenta! ¡Estoy salvado! Era la única manera de salir en forma digna de este lío . . . Don Ramiro está feliz 10
y ha declarado formalmente que no desea tener más familia.

Julián quiso despedirse; pero Alvear se empeñó en que debía
acompañarlo a celebrar la "milagrosa escapada".

—¡Mira que si en vez de mujer resulta niño . . . !

Naturalmente, la celebración se realizó en una cantina y duró 15
hasta las diez de la noche.

Cuando volvió, Leonor aún no había comido.

—Supongo que esta vez no le echarás la culpa a Davis —dijo.

—¡Davis! ¡Siempre tú hablando de Davis!

—Y si no fuera por él . . . 20

—¿Qué dices?

Por toda respuesta, Leonor abrió un pequeño mueble y puso
ante los ojos de Julián un fajo de billetes y algunos papeles.

—Llevé las alhajas a "La Equitativa"[4] . . .

Julián sintió una impresión de pena y de vergüenza. 25

—¿También las perlas de mi madre?

—No; sólo las otras joyas . . . , las tuyas . . . , las de
Davis . . .

Y al ver el rostro descompuesto de Julián, agregó:

—¡Bah! No te aflijas. Isabel la Católica también empeñó 30
las suyas. Cierto es que Colón no llegaba a la casa en ese
estado . . .

---

[3] **le esquivaba el bulto**   avoided him like the plague
[4] **"La Equitativa"**   The name of a pawnshop.

1 Julián no hablaba; con los dientes apretados miraba las papeletas esparcidas sobre la pequeña mesa. Tenía la impresión de estar ausente, de oír a alguien que le hablaba.

De pronto extendió la mano temblorosa y tomó una de las
5 papeletas.

—¿Y ésta? —dijo— ¿Qué significa este anillo de esmeraldas? Yo no te lo he dado.

—Me lo dio Davis . . . —murmuró Leonor con voz algo ingenua.

10 —¿Qué dices? ¿Davis?

—Sí; Davis . . . Davis . . . , el día de mi santo . . .

Julián sintió la impresión de que la casa entera se desmoronaba sobre su cabeza. No podía hablar, la barba le temblaba.

—¡Basta! —logró decir por fin—. ¡Todo ha concluido!

15 # Capítulo 31

Fue como una pesadilla que sigue y se prolonga y se va haciendo por momentos más horribles.

Julián quería moverse y sus pies no le obedecían; quería apartar las manos de la mesa y sus manos seguían arañando la tabla con
20 un movimiento vago e inconsciente.

¡Ah!, si a lo menos hubiera podido separar los ojos de ese pedazo de papel . . . Pero el papel estaba allí sobre la mesa, arrugado y amarillo como la propia cara de Davis, gritando con toda la fuerza de sus letras negras: "Un anillo de esmeraldas . . . $2,000."

25 Leonor iba bajando la escalera. Bajaba muy lentamente. Los peldaños crujían uno tras otro: cric . . . crac . . . croc . . . Cada paso parecía arrancarles un gemido distinto.

Bastaba gritar: "Leonor. ¡Perdóname; yo no creo que me engañes!" y los pasos se detendrían; dejarían de caer como un martillo
30 en el cerebro y ella volvería. ¡Qué abrazo! ¡Qué locura! Apretada

a su cuello, llorando, tal vez ella le dijera como un momento antes: 1
"¡Julián, sé que estás loco, por eso te perdono!"

¡Qué importaba si volvía! Pero Julián no podía gritar. Mudo,
con los ojos fijos, continuaba leyendo y releyendo el pedazo de
papel: "Un anillo de esmeraldas . . . $2,000." 5

Ya los pasos se escuchaban como un débil lamento. Leonor
debía ir llegando a la mampara. Escuchó el ruido de la cerradura;
luego un sollozo largo —la puerta que se abría—, después un golpe
seco. Leonor no estaba ya en la casa. Suavemente se iban perdiendo
sus pasitos en la calle desierta. 10

Entonces, sólo entonces le pareció volver en sí[1] y sus ojos
dominaron en un instante la tragedia. Leonor no volvería; él mismo
la había echado de la casa.

Allí, sobre el velador estaba aún su libro de oraciones. En una
silla el pequeño maletín . . . Pensó que debajo de las almohadas, 15
la camisa de noche esperaría en vano su vuelta.

Julián quería llorar, pero sus ojos permanecían secos y atónitos.

—¡Leonor! ¡Vuelve! ¡Perdóname! —gritó de pronto con una
voz estrangulada que él mismo no se conocía, y corrió hacia la 20
ventana. La calle estaba sola. Llovía. El viento erizaba los árboles
de la plazuela.

Frente a la puerta había un bulto negro.

Pardo bajó precipitadamente la escalera. Al pasar frente a la
pieza de "el Nito", creyó verla iluminada con un vago resplandor. 25
No era una luz precisamente; era una atmósfera opalina,[2] como si
el último estertor de los cirios hubiera quedado flotando en un
hálito de flores marchitas.[3]

Sintió frío y, aferrándose al pasamanos salvó los últimos
tramos y penetró a tientas en el escritorio. Los libros amontonados 30
en el suelo parecían sujetarle de las piernas.

Le costó dar con la luz —una ampolleta miserable que apenas

---

[1]**volver en sí**   to recover consciousness
[2]**opalina**   iridescent
[3]**en un hálito . . . marchitas**   in a breath of wilted flowers

1 iluminaba la pieza—, y atisbó por una rendija del postigo.[4]

No era una alucinación: el bulto negro continuaba allí frente
a la ventana.

Julián se llevó las manos a los ojos con un gesto de desespera-
5 ción y de impotencia.

Fue sólo un instante; después se irguió con energía, afianzó la
cerradura del postigo y abrió uno de los cajones de la mesa.

Los viejos muebles lo miraban con aire grave y hostil de
inquisidores. Sus recias espaldas y sus brazos rígidos parecían
10 crecer en la penumbra. En uno de los rincones, algunos libros en
desorden se oprimían unos contra otros como huyendo de la sombra que les alcanzaba.

Julián pasó la vista por la sala: sombras, nada más que sombras . . . , ¡lo mismo que su vida!

15 Cerró sus ojos para no mirar y dos puntos luminosos, fríos,
verdes como dos ojos de serpiente, se clavaron en sus pupilas. El
anillo de esmeraldas, el anillo de Davis . . . ¡El engaño!

Sintió que un odio ciego le invadía; después una sensación de
laxitud, casi de alivio . . . ¿Qué importaba?

20 Sacó el revólver y lo colocó sobre la mesa.

Lo acarició suavemente con los dedos. Sentía una extraña
voluptuosidad. Al centro, la nuez brillante y estriada[5] reproducía,
grotescamente larga, su cara flaca y amarilla, una cara de difunto,
de fantasma con los ojos muy abiertos. Así estaría en un momento
25 más; sus ojos seguirían abiertos . . . , ¿qué mano amiga iba a
cerrárselos?

De pronto escuchó un golpe en la ventana.

Julián permaneció inmóvil en su silla.

Los golpes se repitieron en la puerta.

30 Entonces se levantó muy lentamente y abrió.

Era Davis.

Venía arrebujado[6] en una larga capa de agua.

---

[4]**atisbó . . . postigo**   he looked out through a crack in the shutter
[5]**la nuez . . . estriada**   the shiny and notched cylinder (of the revolver)
[6]**arrebujado**   bundled-up

—Buenas noches, míster Pardo.   1

Julián no le contestó; mas él pareció no advertirlo.

Con absoluta indiferencia sacó un pañuelo a cuadros y
comenzó a sacudir uno de los viejos sillones. En seguida se sentó.
Parecía haber elegido de propósito el rincón más obscuro de la sala.   5
Desde allí paseaba sus anteojos negros como dos cuencas vacías,[7]
de un extremo a otro de la estancia.

Julián seguía con la mirada esas órbitas de muerto que semejaban detenerse con delectación en las paredes mal empapeladas, el
piso sin alfombras, el rimero[8] de libros en desorden . . .   10

—Llueve bastante —dijo—, y espero que usted no tendrá la
idea de salir a la calle como su señora . . . ¿Quiere usted que
conversemos?

—Sí —exclamó Julián con voz ronca—. ¡Hablemos . . . ! Es
necesario que hablemos . . . ¿Qué pretende? ¿Por qué viene a mi   15
casa? ¿Con qué derecho se mezcla en mis asuntos?

—¡Oh! ¡Usted está un poco nervioso, míster Pardo!

—¿Nervioso? No. ¡Nada me importa! Estoy dispuesto a todo
. . . ¡Usted se ha portado como un miserable!

Con una calma irritante, Davis se sacó las gafas y comenzó a   20
limpiarlas minuciosamente con el extremo del pañuelo.

—¿Conoce usted estos anteojos, míster Pardo? Son los mismos
que me quebró en Valparaíso, cuando usted tomó mi nombre para
hacer esa escritura . . .

—¡Basta! —gritó Julián fuera de sí—. ¡Tomar su nombre!   25
¡Infame! ¿Cuándo has tenido tú algún nombre?

—No me trate usted de tú.

—¿También exiges cortesías? Has muerto a mi hijo, me has
quitado a mi mujer, me has engañado, y, ¿quién eres? Un engendro
de mi imaginación, ¡una mentira! Tú no existías antes . . . , yo te   30
he creado . . . Te inventé un nombre, te presté mi herencia, te hice
ganar dinero a manos llenas . . . Tú pretendiste arrebatármelo. Me

---

[7]**cuencas vacías**   empty sockets
[8]**rimero**   pile

1 defendí... Para librarme de tus robos, tuve que hacer una escritura
falsa. ¡No lo niego! Y tú seguías persiguiéndome, atribuyéndote la
gloria de todos mis esfuerzos, postergándome, haciéndome pasar
por tu subordinado... Hasta tus vicios te los he costeado. ¿Recuer-
5 das a madame Duprés? Un día vino a decirme que la habías dejado
con un hijo . . . Yo pagué por ti. Entonces sedujiste a Anita
. . . , y luego a mi mujer . . . , y me arruinaste . . . , y una noche,
una noche como ésta, subiste como un ladrón hasta la pieza en que
dormía el niño y . . .
10   —¡Oh! Y usted quiso matarme a mí también . . . , ¿recuerda
el duelo?
    —Sí; quise matarte, y ¡lo deseo todavía!
    Julián había tomado el revólver, y, de pie junto a la mesa, lo
miraba trémulo de ira.
15   Davis se sonrió.
    —¡Es inútil que dispare, míster Pardo!... ¡Usted mismo acaba
de decir que me ha inventado, que soy un producto de su imaginación, ≪una creación del arte≫ —si no encuentra un poco petulante[9]
el nombre—. Y las creaciones del arte no mueren! Consulte su
20 biblioteca. No es muy abundante, pero le quedan aún algunos
libros clásicos— los clásicos no se venden—, Edipo, Hamlet, Don
Quijote . . . seres inventados, seres que están libres del asesinato
. . . Usted puede cometer otros delitos, puede quedarse con lo ajeno;
puede falsificar una escritura . . .
25   Julián no pudo dominarse y disparó. Apuntó al pecho de
Davis y la bala debió haberle atravesado; pero él continuó impertérrito[10] su frase.
    —Puede falsificar una escritura, puede calumniar, puede
agredir . . . y no obstante, jamás podrá matar a un personaje creado
30 por su mente . . . ¡Somos inmortales! Consulte su biblioteca.
    Julián permaneció un momento inerte, atónito, con la mano
crispada en la empuñadura del revólver. Por su cerebro desfilaban

---

[9]**petulante**   presumptuous
[10]**impertérrito**   fearlessly

en loca confusión Edipo, Aquiles, Dido, Hamlet, Don Quijote 1
. . . , seres fantásticos, irreales y que, no obstante, se agitan, hablan,
peroran, suben al tablado y conmueven con sus acentos a los vivos
. . . Y ¿qué fue de sus autores? Cervantes es un puñado de cenizas,
Sófocles menos que una sombra . . . Shakespeare . . . , ¿no se pone 5
en duda, ya, hasta que Shakespeare escribiera? Y Homero, ¿quién
se atreve a asegurar que el viejo Homero haya existido?

Davis, con un gesto de profunda indiferencia, continuaba lim-
piando las gafas.

—Viviré más que usted, seguramente. 10

Julián creía ver los libros agitarse en un rincón, y entreabrir
sus páginas como una delgada boca, para decirse unos a otros: El
señor Davis dice la verdad: las creaciones de la imaginación viven
más que los hombres.

—Sin duda —se decía Pardo—, los dioses mitológicos, los 15
héroes, los protagonistas, gozan de fueros[11] especiales. Pero Davis
no es eso, ciertamente. Es un ser miserable, ridículo, grotesco; una
mentira . . .

—Sí, míster Pardo, soy una mentira . . . , una mentira que ha
crecido y tomado cuerpo y se ha vuelto en contra suya, como todas 20
las mentiras; pero existo . . . ¡Oh! ¡No hay nada más difícil que
matar una mentira!

Y del cúmulo de libros, un pequeño volumen de Oscar Wilde
corroboró con una voz atiplada:[12]

"Los únicos seres reales son los que nunca han existido . . ." 25
¿Cómo matarlo? ¿Cómo?

Julián se oprimió la cabeza con ambas manos y, encarándose
con Davis, exclamó:

—¡Me vengaré! ¡Quedarás ante todos como un asesino!

—¡Oh! ¡Puede usted hacer lo que quiera, míster Pardo! Estoy 30
libre de esas miserias terrenales . . .

Julián no respondió. Tomó la pluma entre los dedos tem-

[11]**fueros**   powers
[12]**atiplada**   piercing

1 blorosos, y con una letra extraña, la misma echada hacia atrás con
que firmaba Walter Davis, escribió:

«Señor Pardo:

Usted me ha herido; pero yo sabré buscar la ocasión oportuna
5 . . . y estoy seguro que le pesará . . . Yo no perdono».

Fechó la carta el 25 de marzo —cuatro días después del
desafío—, guardó el papel en un cajón y miró por última vez a
Davis.

Seguía arrellanado en el sillón y cargaba su pipa . . .
10   Entonces Julián tomó el revólver y lo apoyó sobre su sien
derecha . . .

* * * * * *

El examen médico legal puso de manifiesto que, tomando en
cuenta la forma y dirección de la herida, era menos probable que
15 se tratara de un suicidio que de un asesinato. El hallazgo de otra
bala en la pared vino a confirmar la hipótesis. El descubrimiento
de un anónimo amenazador la hizo indiscutible. Los peritos
grafólogos[13] declararon que la letra de ese anónimo correspondía
a la de Davis. Se sabía, pues, el nombre del culpable; faltaba sólo
20 dar con él.

Desde entonces la policía busca a Davis . . .

---

[13]**peritos grafólogos**   handwriting experts

Ejercicios

Cuestionario   Capítulo 1

1. ¿Qué había oído Julián Pardo decir ocho veces esa mañana?
2. ¿Por qué refunfuñaba Julián?
3. ¿Por qué sufría Julián de insomnio?
4. ¿Cómo se veía la calle?
5. ¿Qué dice Julián que es una suplantación?
6. ¿Por qué se arremolinaba la gente en la esquina?
7. ¿Cómo estaba el caballo?
8. ¿Qué parecía decirle a Julián la sonrisa del caballo?
9. ¿Qué le preguntó la mujer a Julián?
10. ¿Por qué se ofendió Julián?

Cuestionario   Capítulo 2

1. ¿Cómo encontró Julián a Goldenberg?
2. ¿Cómo es Goldenberg según la descripción del autor?
3. ¿Dónde se habían conocido Julián y Goldenberg, y cómo le llamaban a Goldenberg entonces?
4. ¿Qué incidente de la niñez recordaba Julián?
5. ¿Ha cambiado el carácter de Goldenberg?
6. ¿De qué le habla Goldenberg ahora?
7. ¿Qué negocio le ofrece Goldenberg a Julián?
8. ¿Cómo recibió Julián las palabras de Goldenberg?
9. ¿A qué atribuye Julián el hecho de que él sea un perfecto fracasado?
10. ¿Por qué dice Goldenberg que ofrece el negocio a Julián?
11. ¿Hay oro en la mina de que habla Goldenberg?
12. ¿Qué piensa Goldenberg del socio de Julián?
13. ¿Qué hace Julián después de que Goldenberg sale?

Cuestionario   *Capítulo 3*

1. ¿Cómo se siente Julián cuando va para su casa?
2. ¿Con quién se encontró Julián en la calle?
3. ¿Qué había pasado entre Luis Alvear y la señora de un banquero?
4. ¿Qué dice Luis Alvear de Anita Velasco, la mujer de Goldenberg?
5. Según Anita, ¿a quién se parece Julián? ¿Por qué?
6. ¿Para qué necesita Luis Alvear a Julián?
7. ¿Qué fueron a celebrar Luis y Julián?

Cuestionario   *Capítulo 4*

1. ¿Qué le dice la mujer de Goldenberg a Pastoriza, la criada?
2. ¿Por qué se siente desilusionada la mujer de Goldenberg?
3. ¿A qué compara Anita su propio cuerpo?
4. ¿Por qué cree Anita que su belleza es inútil?
5. ¿Cuáles son los reparos que el socio hace al negocio propuesto por Goldenberg?
6. ¿Por qué cree Goldenberg que la carta de Julián es un tesoro?
7. ¿Qué le dice Goldenberg a su mujer acerca de Julián?

Cuestionario   *Capítulo 5*

1. ¿Por qué se despertó sorprendido Julián?
2. ¿Qué hora era la última vez que vio el reloj?
3. ¿Dónde se hallaba él esa madrugada?
4. ¿Qué hacía?
5. ¿Quién es don Fortunato Bastías?
6. ¿Cómo le conoció Julián?
7. ¿Dónde dice Julián que está su socio?
8. ¿Qué nombre y nacionalidad le dio Julián a su socio?
9. ¿En dónde encontró la esposa de Julián los pantalones de su marido?
10. ¿Qué explicación de su trasnochada dio Julián a su esposa?

Temas   *Capítulos 1–5*

1. Describa el estado emotivo de Julián al comienzo de la novela.
2. Describa la reacción de Julián a la muerte del caballo.

3. Contraste los ruidos de la ciudad con el ambiente establecido por el Angelus.
4. Contraste el carácter de Julián con el de Goldenberg.

EJERCICIOS GRAMATICALES Y LEXICOS ·
Capítulos 1–5

A. Llene los espacios en blanco con una forma apropiada del verbo *ser* o *estar*.

> MODELO: Mr. Davis *es* el socio de Julián. *o*
> Mr. Davis *era* el socio de Julián.

1. _____ las ocho cuando Julián se levantó por la mañana.
2. Los rascacielos _____ juntos uno al lado de otro.
3. Julián _____ indignado con el comentario de la señorita.
4. Julián piensa que al día siguiente _____ en casa de Goldenberg.
5. Leonor no _____ novia de Luis Alvear.
6. Anita _____ cansada de oír lo que su marido decía.
7. Julián no _____ un hombre sincero.
8. Leonor no _____ tan bonita como Anita.
9. Julián _____ más inteligente que Goldenberg.
10. La deuda _____ pagada mañana.
11. La noticia que recibió Julián ayer _____ un golpe muy duro.
12. Anita _____ llorando cuanto Julián llegó.
13. Dinero _____ lo que necesitaban.
14. El negocio _____ cerrado por Julián.
15. Si Leonor _____ distinta, Julián no se habría enamorado de Anita.

B. Llene los espacios en blanco de las frases de la columna A con una expresión apropiada de la columna B.

A	B
1. El nuevo vestido no la hacía parecer joven, _____ parecía más vieja.	1. tal vez
2. _____ Julián le dirigió una mirada furibunda.	2. como si

3. Sonrió _____ entendiera lo que le dijeron.

4. Se lleva el pañuelo a la boca _____ reprimir un bostezo.

5. ¡_____Goldenberg nunca la dirigía la palabra!

6. Julián _____ con indiferencia.

7. _____ que el chico había estudiado.

8. A Leonor _____ la mujer de Goldenberg.

9. Para que no lo vieran desde la calle pasó por debajo de la ventana caminando _____.

10. Pensó que _____ todo fuera un sueño.

3. se alzó de hombros
4. por el contrario
5. a gatas
6. por toda respuesta
7. como para
8. no le cae en gracia
9. con razón
10. no cabía duda

C. Usando las expresiones a la derecha, traduzca al español las frases entre paréntesis.

1. (a) Ayer (we arranged) _____ ese asunto.   arreglar
   (b) Mientras (he arranged) _____ ese asunto nos avisaron del accidente.

2. (a) Yo (will bring them to you) _____ mañana.   traer
   (b) (He brought them to me) _____ la semana pasada.

3. (a) (I have just) _____ depositar una carta importante en el buzón.   acabar de
   (b) (He had just) _____ volver de la Bolsa.

4. (a) El niño (became calm) _____ al oír los pasos de su padre.   tranquilizarse
   (b) (I became calm) _____ al recibir el cheque del banco.

5. (a) (Introduce him to me) _____, don Julián.   presentarse
   (b) Permítame (to introduce myself.) _____.

D. Traduzca al español:

1. "I don't have any money," the man had said.
2. Julián said that he would tell his partner about the deal.
3. She says to sing if you want to.
4. She wanted him to tell her that the business deal was good.
5. They are probably speaking about Davis right now.

PREGUNTAS Y TEMAS · Capítulos 6–10

Cuestionario   Capítulo 6

1. ¿Cómo era la atmósfera en casa de los Goldenberg?
2. ¿Cómo eran los comensales?
3. ¿Quién era el único invitado que Julián conocía desde antes?
4. ¿Qué opina don Cipriano de la situación política?
5. ¿Qué teme el corredor de bolsa?
6. ¿Por qué se puso pálida Graciela, la vecina de Julián?
7. ¿Qué comprendió Julián al ver palidecer a su vecina Graciela, la mujer del banquero?
8. Según Anita, ¿cómo es Julián?
9. ¿Qué le dice Anita a Julián que todos los hombres creen?
10. ¿Cómo le dice Anita a Julián que ella se siente?
11. ¿Qué creía Julián sentir a sus espaldas a la salida de casa de Goldenberg?
12. ¿Cómo piensa Julián que había sido la tertulia en casa de Goldenberg?
13. ¿Por qué se sonreía Julián al pensar en Davis?
14. ¿Qué malas noticias esperaban a Julián en su casa?

Cuestionario   Capítulo 7

1. ¿Qué le dejó el tío a Julián en su testamento?
2. ¿Cómo vivía el tío Fabio?
3. ¿Cómo era el tío Fabio?

4. ¿Cómo eran las deudas de Julián?
5. ¿Qué decide hacer Julián con el legado?
6. ¿Qué preferiría Leonor que Julián hiciera con el legado?
7. ¿Qué acciones le recomienda Leonor a Julián que compre?
8. ¿Qué acciones decide comprar Julián?
9. ¿A nombre de quién compró Julián las acciones?
10. ¿Ganó o perdió Julián con la compra de las acciones?

Cuestionario   Capítulo 8

1. ¿Cómo fue el mes para Julián?
2. ¿Qué leía Julián todas las mañanas?
3. ¿Subía o bajaba la cotización de las acciones de Julián?
4. ¿Qué quería vender Leonor?
5. ¿Qué le obsesionaba a Julián?
6. ¿Qué hacía Julián para distraerse de sus preocupaciones?
7. ¿Cómo trataba Goldenberg a Julián?
8. ¿Cómo era la conversación de Goldenberg?
9. ¿Qué opinión tenía Goldenberg sobre la compañía "Adiós mi Plata"?
10. ¿Qué opinaba de Davis el corredor de bolsa de Julián?
11. ¿Qué temía Julián?
12. ¿Qué propósitos hacía Julián y olvidaba al día siguiente?

Cuestionario   Capítulo 9

1. ¿Qué le pasa al hijo de Julián?
2. ¿Qué cree Leonor que es preciso hacer con el niño?
3. ¿Qué decide hacer Julián para complacer a su mujer?
4. ¿Qué le pide Gutiérrez a Julián para formalizar el préstamo que éste le pide?
5. ¿Dónde dice Julián a Gutiérrez que Davis está?
6. ¿Por qué salió Julián indignado al dejar a Gutiérrez?
7. ¿Qué pensamiento se le ocurrió a Julián con respecto a Davis?
8. ¿Qué comenzó a decirle la conciencia a Julián?
9. ¿Por qué tiene Julián que ir a Valparaíso?
10. ¿Qué teme Julián que haga Davis?

Cuestionario   *Capítulo 10*

1. ¿Qué debate Julián en su conciencia?
2. ¿A quién fue a buscar Julián?
3. ¿Cómo era el notario?
4. ¿Qué quiere Julián del notario?
5. ¿Qué consiguió Julián del notario?
6. ¿Por qué se siente Julián loco de alegría al salir de la notaría?
7. ¿Cómo cree Julián que ha dejado a Davis?
8. ¿Qué parecía oír Julián a la salida de la notaría?
9. Al regreso, ¿adónde fue Julián directamente?
10. ¿Qué voz creía Julián que sustituía la de su conciencia?
11. ¿Qué pensaba Julián decirle a su mujer?
12. ¿Qué hace Gutiérrez al recibir el poder de Davis?
13. ¿Qué dice Julián que le ha dicho Davis?
14. ¿Cómo encontró Julián a su hijo?
15. ¿Qué piensa Leonor de Davis?

Temas   *Capítulos 6–10*

1. Discuta la cena en casa de Goldenberg como reflejo de la burguesía chilena.
2. Contraste la metamorfosis en personalidad que ocurre en Julián cuando está actuando bajo el nombre de Davis.

EJERCICIOS GRAMATICALES Y LEXICOS ·
Capítulos 6–10

A. Llene los espacios en blanco con la forma apropiada del imperfecto o el pretérito del verbo entre paréntesis.

   MODELO: Julián *prefería* (preferir) dormir hasta las doce durante el verano.
   Luis Alvear *se levantó* (levantarse) preocupado aquel día.

1. Los ojos de Anita _____ (ser) grandes y bellos.
2. Leonor _____ (estar) segura del amor de su marido.
3. Ella _____ (buscar) a Julián en la Bolsa, pero no lo _____ (encontrar), algo que nunca le _____ (haber) pasado antes.
4. Leonor siempre _____ (tener) razón.
5. Goldenberg _____ (caminar) despacio hacia el escritorio mientras _____ (pensar) en lo que _____ (ir) a escribir.
6. Julián _____ (estar) muy intrigado todo el día.
7. Leonor _____ (vender) las perlas de la madre de Julián.
8. Aquel día, tan pronto como Anita _____ (ver) a Julián, ella _____ _____ (tranquilizarse).
9. _____ (hacer) ya tiempo que un corredor _____ (querer) venderle esas acciones.
10. _____ (pasar) el tiempo y Julián no hizo nada.
11. _____ (querer) Dios que todo se descubriera.
12. Pensaba mucho y _____ (decir) poco.
13. Ese día _____ (sacar) un papel del bolsillo que _____ (tener) la respuesta.
14. Al salir esa noche _____ (dejar) los guantes sobre la mesa.
15. _____ (gastar) en un día lo que _____ (ganar) el año pasado.

B. Llene los espacios en blanco de las frases de la columna A con una expresión apropiada de la columna B.

A	B
1. Ella recordaba haberle oído cantar _____ .	1. cada vez
2. Se veían luces _____ de las cortinas entornadas de la ventana.	2. le tomó cariño
3. Julián llegó a la conclusión que Leonor siempre _____.	3. por su parte
4. Él parecía viejo; ella, _____ parecía joven.	4. por supuesto
5. Anita _____ a Julián.	5. a través
6. Él, _____, pensó lo mismo.	6. tener que
7. ¿Y él cree que voy a darle lo que me pide? _____	7. en cambio
8. A él no le gusta _____ trabajar.	8. tenía razón
9. _____ que viene, pregunta lo mismo.	9. alguna vez
10. _____ puedes venir cuando quieras.	10. ¡No faltaba más!

C. Usando las expresiones a la derecha, traduzca al español las frases entre paréntesis.

1. (a) Julián no quiere (Goldenberg to ap-   acercarse
       proach him) _____ en la Bolsa.
   (b) (I approached her) _____ en el "hall".
2. (a) Mi tío (has left us) _____ quince mil   dejar
       pesos.
   (b) Ellos (will not leave us) _____ nada.
3. (a) Ella (did not dare) _____ insistir.   atreverse a
   (b) Yo (would not dare) _____ preguntár-
       selo.
4. (a) Yo (couldn't help) _____ reírme.   no poder menos de
   (b) El niño (cannot help) _____
       agradecerle.
5. (a) El corredor siempre (remembers me)   acordarse de
       _____.
   (b) Es posible (that he will remember us)
       _____ cuando tenga dinero.

D. Traduzca al español:

1. He had an accident last week, but they say that he is all right.
2. Ah, if she were there he would not speak any more about business.
3. He had just gone to sleep when she called.
4. Going to Valparaíso would be absurd.
5. Promise me that I will be able to meet him when he arrives.

PREGUNTAS Y TEMAS · Capítulos 11–15

Cuestionario   Capítulo 11

1. ¿Por qué se despiden Leonor y el niño de Julián?
2. ¿Quién esperaba a Julián en la oficina?
3. ¿Por qué estaba preocupado don Fortunato?
4. ¿Quién llamó por teléfono a Julián?
5. ¿Cómo dice Anita que se siente?

6. ¿Para cuándo invita Anita a Julián a comer?
7. ¿Qué averigua don Fortunato acerca de Davis en la Bolsa?
8. ¿Cómo compara don Fortunato a Davis y a Goldenberg como socios?
9. ¿Qué modificaciones ha hecho Davis en sus relaciones de negocio con don Fortunato?
10. ¿Cómo planea Goldenberg aumentar los terrenos de la sociedad?
11. ¿Qué quiere don Fortunato que Julián le pregunte al socio?
12. ¿Por qué se siente Julián molesto y furioso?

Cuestionario   *Capítulo 12*

1. ¿Cómo recibió Anita a Julián?
2. ¿Cómo reacciona Anita a la pregunta de Julián?
3. ¿Por qué dice Anita a los invitados que ella llora?
4. ¿Qué le recomienda el magistrado a Anita que haga?
5. ¿Qué dice el general sobre el llanto de una mujer?
6. ¿Qué noticia le trae Goldenberg a Julián sobre las acciones "Adiós mi Plata"?
7. ¿Cómo recibió Julián la noticia que le trajo Goldenberg?
8. ¿Cuál es la opinión del general sobre la situación política imperante?
9. ¿Qué opina el magistrado?
10. ¿Cómo reaccionan Anita y Julián a lo que se discute en la mesa?
11. ¿En qué piensa Julián al regresar a su casa?
12. ¿De qué hablan Gutiérrez y Julián?
13. ¿A quién cree Willy López que su tío, el senador Almarza, conoce?
14. ¿A quién pretende Julián llamar por teléfono?
15. ¿Qué instrucción de parte de Davis da Julián a Gutiérrez?
16. ¿Qué quiere averiguar López en una guía de teléfonos?
17. ¿Qué descubrió al fin López en la guía de teléfonos?

Cuestionario   *Capítulo 13*

1. ¿Por qué Julián ordenó al corredor que liquidara?
2. ¿Por qué esa nueva operación ataba más a Julián con Davis?
3. ¿Qué sentía Julián ante su realidad?

4. ¿Qué imaginaba Julián que Davis le decía?
5. ¿Qué quería don Fortunato?
6. ¿Qué le envió don Fortunato a Julián para Davis?
7. ¿Por qué decide Julián tomar otra oficina?

Cuestionario   Capítulo 14

1. ¿A quién espera Julián?
2. ¿Sobre qué reflexionaba?
3. ¿Por qué llegó tarde Anita?
4. ¿Qué característica sobre la personalidad de Willy López se perfila en la novela?
5. ¿Qué trajo Anita? ¿Para qué?
6. ¿Qué propone hacer Anita para disimular su refugio?
7. ¿Qué reflexión se hace Julián ante la invención del nuevo personaje de Madame Duprés?

Cuestionario   Capítulo 15

1. ¿Cómo era la nueva casa de Julián?
2. ¿Por qué cree Leonor que Davis no ha ido nunca a su casa?
3. ¿Cómo empezó a caerle Davis a Leonor?
4. ¿Qué contó la mujer de Goldenberg sobre Davis?
5. ¿Qué quiere don Ramiro de Davis?
6. ¿Por qué le molesta a Julián que Anita hable tanto de Davis?
7. ¿Por qué quisiera Julián aislarse?

Temas   Capítulos 11–15

1. Poco a poco Julián, Anita, Goldenberg, y otros han ido creando la figura física y moral de Davis. Descríbala.
2. Los concurrentes a casa de Goldenberg expresan en su conversación sus ideas políticas. Haga un breve sumario de las mismas.
3. Julián se empieza a disgustar con la posición que Davis adquiere en su vida. ¿Qué intenta hacer para liberarse de su socio?
4. Julián se ve precisado a crear con Anita un nuevo personaje, la modista Madame Duprés. Explique la causa de su creación y cuente cómo fue creado.

EJERCICIOS GRAMATICALES Y LEXICOS ·
Capítulos 11–15

A. Llene los espacios en blanco con una forma apropiada del verbo entre paréntesis.

MODELO: Mira (mirar) este cuadro, ¿no te parece bello?

1. Se detuvo frente a la puerta _____ (cerrar).
2. Lucho siempre _____ (preguntar) las mismas cosas.
3. Estaba _____ (hablar) como un loco.
4. Cuando _____ (llegar) allí, no dejes de llamar.
5. Mañana _____ (comprar) esas acciones.
6. Davis se _____ (haber) portado mal con Julián.
7. Julián ha _____ (perder) todas sus esperanzas.
8. El nuevo secretario _____ (empezar) ayer a trabajar.
9. En poco tiempo _____ (llegar) a ser rico, si trabaja mucho.
10. Si Julián no se preocupara tanto, _____ (ser) más feliz.
11. Eso _____ (ser) lo que la preocupó tanto ayer.
12. Ella _____ (ser) la mujer más bella que había visto hasta entonces.
13. Él _____ (estar) cansado de estudiar.
14. Goldenberg está _____ (satisfacer) con la transacción.
15. Julián, _____ (fingirse) agradecido, y le prometió todo lo que quería.

B. Llene los espacios en blanco de las frases de la columna A con una expresión apropiada de la columna B.

A	B
1. _____ perdimos dinero en el negocio.	1. después de
2. Lo que él haga _____.	2. al salir
3. _____ Anita cambió la dulce expresión de su rostro.	3. de pronto
4. Sonrió _____.	4. sin duda
5. _____ tratar de calmar a Goldenberg, regresó a su casa.	5. por su culpa
6. Lo había visto _____ una hora.	6. con aire de malicia

7. _____ comprar todas las acciones antes   7. no me importa
   de que se supiera la noticia.
8. La mujer, _____, no era tonta.   8. no hay más
9. _____ de su casa, se le olvidó el sombrero.   9. hacía apenas
10. ¿Qué vamos a hacerle? ¡ _____ que resig-   10. era preciso
    narse!

C. Usando los verbos a la derecha, traduzca al español las frases entre
   paréntesis.

1. (a) (It would have been necessary) _____   haber que
      mandarlo a componer si no hubiera fun-
      cionado.
   (b) (It will be necessary) _____ mandarlo
      por correo.
2. (a) Ella (was avoiding) _____ la mirada de   esquivar
      Julián.
   (b) (Don't avoid) _____ mirarme en los
      ojos.
3. (a) Julián (had to) _____ morderse los   tener que
      labios para no hablar.
   (b) (We have had to) _____ consultarlo
      con Míster Davis.
4. (a) Anoche (I dreamed) _____ que mi   soñar
      marido se había ido a Europa.
   (b) Ellos (were dreaming) _____ que
      tenían una casa en el campo.
5. (a) Ellos (gave up) _____.   darse por vencido
   (b) Anita nunca (will give up)_____.

D. Traduzca al español:

1. Have you started reading the novel that I told you about?
2. She spoke as if she were bringing him good news.
3. Another silence was brought about.
4. He gave him the money so that he could buy the clothes.
5. It would be necessary to close the house.

PREGUNTAS Y TEMAS · Capítulos 16–20

Cuestionario   *Capítulo 16*

1. ¿Quién puso fin a los propósitos de aislamiento de Julián?
2. ¿De qué le hablaba Goldenberg a Julián?
3. ¿Qué había estado combinando Goldenberg?
4. ¿A qué se resolvió Julián?
5. ¿Qué piensa Julián de la riqueza?
6. ¿Quién detuvo el auto de Julián?
7. ¿Cómo se llama el norteamericano que Willy López presentó a Julián?
8. ¿Qué nacionalidad dice Julián que tiene Davis?
9. ¿Por qué llegó Julián indignado a la oficina?

Cuestionario   *Capítulo 17*

1. ¿Quiénes venían a la oficina?
2. ¿Qué hacían los visitantes cuando se les decía que el señor Davis no vendría?
3. ¿A quién preferían ver los visitantes, a Davis o a Julián?
4. ¿Por qué iba Julián de noche a la oficina?
5. ¿Cómo era la oficina de Davis?
6. ¿Qué le parecía a Julián que había perdido?
7. ¿Cómo se sentía Julián con respecto a Davis?

Cuestionario   *Capítulo 18*

1. ¿Qué pasa en la Bolsa?
2. ¿Cómo se reciben las noticias de la Bolsa en la oficina de Julián?
3. ¿Quién busca a Davis?
4. ¿Por qué la mujer busca a Davis?
5. ¿Qué opina Julián respecto a la identidad de la mujer?
6. ¿Qué le ofrece Julián a la mujer?

7. ¿Qué ha hecho Luis Alvear?
8. ¿Cómo lo sabe Julián?
9. ¿Qué hizo Julián esa tarde?
10. ¿Dónde encontró Julián a Luis Alvear?
11. ¿Qué le preguntó Julián a Luis Alvear?
12. ¿Qué dice Luis Alvear?
13. ¿Qué piensa Julián de lo que le dijo Luis Alvear?
14. ¿Adónde fue entonces Julián?
15. ¿A qué conclusión llegó Julián del enredo de Davis?

Cuestionario   *Capítulo 19*

1. ¿Cómo se sentía Julián?
2. ¿Cómo veía su porvenir?
3. ¿Qué sentía Julián dentro de su cabeza al oír las cotizaciones en la Bolsa?
4. ¿Qué le pasa a las acciones de la "Aurífera"?
5. ¿Qué orden da Julián a Gutiérrez?
6. ¿Con qué acciones cuenta Goldenberg para sus especulaciones?
7. ¿Qué creen los especuladores?
8. ¿Por qué volvieron a subir las acciones de las Auríferas?
9. ¿Quién cree el público fue responsable de que las acciones de la "Aurífera" subieran?
10. ¿Qué le pasó a Goldenberg?

Cuestionario   *Capítulo 20*

1. ¿Cómo eran las joyas que escogía Davis?
2. ¿Por qué no le gustan las perlas a Leonor?
3. ¿Qué piedra prefiere Leonor?
4. ¿Qué pensó un día Leonor al pasar frente a la vitrina de una joyería?
5. ¿Qué le recomendó Graciela?
6. ¿Qué le dijo Graciela a Leonor que le explicara a Julián sobre las esmeraldas?

Temas   *Capítulos 16–20*

1. Discuta las ideas de Julián sobre la riqueza como expresión de triunfo en la vida.
2. Una mujer francesa se presenta a Julián demandando ver a Davis pues, según dice, éste la ha abandonado dejándola con un hijo. ¿Qué diferentes explicaciones ofrece la novela sobre la veracidad de ese episodio?
3. Leonor ha decidido adquirir unas esmeraldas en la joyería y decirle a Julián que se las regaló Davis. Cuente cómo llegó Leonor a esa decisión.

EJERCICIOS GRAMATICALES Y LEXICOS ·
Capítulos 16–20

A. Ponga en el espacio en blanco la preposición indicada cuando sea necesaria.

MODELO: Julián empezó *a* sonreír cuando pensó *en* Anita.

1. Sus propósitos _____ aislamiento habían fracasado.
2. Buscó _____ trabajo.
3. _____ Anita y Goldenberg se interponía Julián.
4. Julián no quería vivir _____ Anita.
5. Goldenberg puso las cartas _____ la mesa.
6. _____ todo, piensa bien las cosas.
7. Después de que Davis entró _____ su vida, Julián ni comía ni dormía.
8. ¿Qué piensa usted _____ mi nuevo socio?
9. No creo _____ nadie.
10. Veo _____ algo.
11. _____ el acto todo es posible.
12. _____ banquero no sabe mucho de negocios.
13. _____ mucho que lo diga, no le creo.
14. Caminando _____ el parque, pensó en Davis.
15. No tenía mirada sino _____ ella.

B. Llene los espacios en blanco de las frases de la columna A con una expresión apropiada de la columna B.

A	**B**
1. Al oír lo que le decía Goldenberg, Julián rio _____.	1. al ver
2. ¿Con quién _____ de hablar?	2. tengo el gusto
3. Tuve que ayudarle _____.	3. gesto de desesperación
4. Al beber _____ manchas de vino sobre el mantel.	4. más allá
5. Anita, _____ el rostro de su marido, palideció.	5. le hacía el efecto
6. No pudo evitar un _____.	6. con estrépito
7. _____ se oía el llanto del niño.	7. de sobra tenía
8. _____ de que Julián no le había entendido.	8. en más de una ocasión
9. Pensó que _____ muchos problemas.	9. ¡Cómo se te ocurre!
10. ¿Casarme con Julián? _____	10. dejaba caer

C. Usando los verbos a la derecha, traduzca al español las frases entre paréntesis.

1. (a) (Forgive me) _____ que te haya detenido.   disculpar

   (b) Yo no puedo (forgive you) _____ tu falta de respeto.

2. (a) (It seemed to him) _____ que había perdido su personalidad.   parecer

   (b) (It seems to us) _____ muy extraño que no nos haya visitado tu socio.

3. (a) (He remained) _____ algunos momentos con los ojos muy abiertos.   quedarse

   (b) (Shall we stay here?)¿ _____?, o vamos a la Bolsa?

4. (a) Ellos (counted on you) _____.   contar con
   (b) Goldenberg (was counting on) _____
       las acciones de antemano como si fue-
       ran cosa propia.
5. (a) Era probable que las dos mujeres (would   acudir a
       come to) _____ la joyería por la
       mañana.
   (b) También la misma idea (had come to
       her) _____ a ella antes.

D. Traduzca al español:

1. The sun's rays were forming shadows on the floor.
2. Julián went to the stock market, but it was closed.
3. I will have to look for him in Bolivia.
4. Julián would go to the office at night in order to answer Davis' mail.
5. It is impossible for Davis to be the father of that child.

PREGUNTAS Y TEMAS · Capítulos 21–25

Cuestionario   Capítulo 21

1. ¿Qué le dice Goldenberg a su mujer?
2. ¿Cuál es la situación financiera de Goldenberg?
3. ¿Cuál es la única solución que dice Goldenberg que tiene?
4. ¿Qué le pide Goldenberg a su mujer?
5. ¿Adónde va Anita?

Cuestionario   Capítulo 22

1. ¿Qué le pide Anita a Julián?
2. ¿Qué le dice Julián a Anita de Davis?
3. ¿Por qué Anita no cree que Davis esté fuera de la ciudad?
4. ¿Qué siente Julián por Davis?
5. ¿Qué le dice Julián a Luis Alvear sobre la especulación de Bolsa
   que arruina a Goldenberg?

6. ¿Por qué Luis Alvear no cree lo que Julián le dice?
7. ¿A quiénes escribió Julián las dos cartas?
8. ¿Cuál fue el objeto de las dos cartas?
9. ¿Por qué quiere Julián que Anita vea las cartas antes que Goldenberg?
10. ¿Qué pensaría Anita al leer las cartas?

Cuestionario   *Capítulo 23*

1. ¿Qué ha comprendido Julián por fin?
2. ¿Cuál es la opinión general sobre Davis?
3. ¿Y sobre Julián?
4. ¿Qué le dice Luis Alvear a Julián que se dice de él en la Bolsa?
5. ¿Qué afirmaba Willy López?
6. ¿Qué solución encontró Julián?
7. ¿Cómo es el plan de Julián?

Cuestionario   *Capítulo 24*

1. ¿Por qué está contento Julián?
2. ¿A qué incitan los amigos a Julián?
3. ¿Qué le pide Julián al comisario?
4. ¿Qué pensamiento atormenta a Julián?
5. ¿Qué se decide a hacer Julián antes de la llegada de Carranza y de Anguita?
6. ¿Qué veía Julián en el cristal de la ventana que daba al jardín?
7. ¿Qué dice la carta de Davis?
8. ¿Adónde va Julián?
9. ¿Qué pensaba hacer Julián?

Cuestionario   *Capítulo 25*

1. ¿Qué decía el telegrama de Carranza?
2. ¿Qué decidió Julián hacer en seguida?
3. ¿Cómo se llamaba el guía de Julián?
4. ¿Cuál es la historia del vendaje que el guía tenía en la cabeza?

5. ¿Por qué le dijo Julián al guía que lo dejara solo?
6. ¿Adónde van los pensamientos de Julián mientras se interna en el monte?
7. ¿A quién cree encontrar Julián en el bosque?
8. ¿Qué le sucede a Julián en el bosque?
9. ¿Cómo terminó el incidente?

Temas   Capítulos 21–25

1. Anita quiere ver a Davis por encargo expreso de su marido. Explique las razones que mueven a éste a hacer dicho encargo.
2. Por las noches Julián tiene pesadillas. Describa las pesadillas de Julián.
3. Julián planea una polémica en los periódicos con Davis como pretexto para romper con él ante el público. Describa en detalle el plan de Julián.
4. Según los amigos de Julián, Davis le ha injuriado en la polémica. Describa el medio que los amigos le proponen a Julián para reparar el honor, y lo que decide hacer éste para protegerse de la interferencia de aquéllos.
5. Describa el duelo entre Julián y Davis.

EJERCICIOS GRAMATICALES Y LEXICOS ·
Capítulos 21–25

A. Sustituya el sustantivo o los sustantivos subrayados con su pronombre correspondiente.

MODELO: Julián entrega *una carta a Anita.*
Julián *se la* entrega.

1. Don Fortunato compró *las acciones.*
2. Julián no quiere *esa responsabilidad.*
3. Anita destruyó *la prueba acusadora.*
4. Anita da *un beso a Julián.*
5. Leonor compró *un collar de perlas.*

6. Vendió *las acciones.*
7. Me trajo *muchos problemas.*
8. Tenemos *grandes esperanzas.*
9. Explique Ud. *esa situación a Julián.*
10. No escriba *la carta a Julián.*
11. Carranza ofendió *a Julián.*
12. Julián se mordió *los labios.*
13. En un momento comprendió *la situación.*
14. Le ajustó *un culatazo* en la cabeza.
15. Julián le dio *un regalo a Anita.*

B. Llene los espacios en blanco de las frases de la columna A con una expresión apropiada de la columna B.

A	B
1. ¿Casarse con Goldenberg? _____	1. pone en boca
2. ¿_____ que él se crea mejor que tú?	2. ¿No te subleva?
3. Julián habló de Davis _____.	3. ¡Qué disparate!
4. ¡ _____ de esas cosas!	4. se la juega
5. Julián _____ de su mujer las mayores tonterías.	5. asomaba medio cuerpo
6. En la Bolsa todos dicen que Julián _____ a Davis.	6. con desgana
7. Leonor _____ fuera de la ventana.	7. le costó obtener
8. Mucho _____ ese trabajo.	8. ¡qué sé yo!
9. En la capilla las viejas rezaban _____.	9. a media voz
10. Por todos lados se veían árboles _____.	10. aquí y allá

C. Usando los verbos a la derecha, traduzca al español las frases entre paréntesis.

1. (a) Anita (imagined) _____ que le había   imaginarse
       dado un ataque.
   (b) No puedo (imagine) _____ lo que van
       a hacer ahora.
2. (a) Usted (are mistaken) _____ Míster   equivocarse
       Pardo.
   (b) Yo nunca (make a mistake)_____.

3. (a) Otra vez Julián (continued) _____   seguir
       redactando las cartas de Davis.
   (b) ¿Quiere usted (follow me) _____?
4. (a) Julián (became) _____ pálido.   ponerse
   (b) Ella (will put) _____ el periódico en   poner
       la mesa.
5. (a) Si usted (insist on) _____ continuar el empeñarse en
       viaje, don Julián, daré las órdenes.
   (b) Los padrinos (will insist on) _____
       reunirse a las once de la noche con
       Julián.
6. (a) El chico sollozaba, pero Julián (headed   dirigirse a
       toward) _____ la puerta.
   (b) Leonor volvió a (address) _____ su
       marido.
7. (a) (It was necessary) _____ llamar a la   ser preciso
       policía.
   (b) (It was going to be necessary) _____
       buscar al médico, pero el chico mejoró.
8. (a) (I congratulate you), _____ señora.   felicitar
   (b) (We congratulated)_____al marido
       después del nacimiento de su hijo.
9. (a) De repente, el caballo (stopped)   detenerse
       _____.   detener
   (b) (We will stop) _____ el caballo si es
       posible.
10. (a) (Shoot!)¡ _____!, si se atreve, Míster disparar
        Pardo.
    (b) Los dos (shot) _____ simul-
        táneamente.
    (c) Es inútil que usted (shoot) _____,
        Míster Pardo.

D. Traduzca al español:

1. Graciela wanted Leonor to buy the emerald ring.
2. Anita, ask Mr. Davis to sell me fifty thousand shares of stocks in
   "Adiós mi Plata."
3. You have never asked me for anything.
4. Willy López had said that Davis did not trust Julián.
5. Coronel Carranza was preparing Julián for a duel with Davis.

PREGUNTAS Y TEMAS · Capítulos 26–31

Cuestionario   *Capítulo 26*

1. ¿Qué le compra Julián a su hijo?
2. ¿Cómo consiguió el periódico el retrato de Davis?
3. ¿Cómo se califica en el periódico a Davis?
4. ¿Qué opinan todos de Julián?
5. ¿Cómo se siente Julián ante la actitud de todos?
6. ¿Qué sintió Leonor al leer el periódico?
7. ¿Qué le habían profetizado una vez a Leonor?
8. ¿Cómo dice Julián que está Davis?

Cuestionario   *Capítulo 27*

1. ¿Qué descendió sobre Julián?
2. ¿Qué se vio Julián precisado a hacer un día?
3. ¿Qué recibió entonces Leonor?
4. ¿Por qué le era difícil conseguir crédito?
5. ¿Qué se corrió en cierta ocasión sobre una de sus especulaciones?
6. ¿Qué resultado tuvo ésta?
7. ¿Qué empezó a suceder en la casa?
8. ¿Qué hubo al fin necesidad de hacer con la casa?
9. ¿Cómo fue la última vez que Julián vio a Anita?
10. ¿Qué era lo único que Julián sentía que le quedaba?
11. ¿Cómo era la casa arrendada?
12. ¿Cómo eran los muebles?

Cuestionario   *Capítulo 28*

1. ¿Cómo estaba el niño de Julián?
2. ¿Cómo estaba el papel celeste del muro del cuarto del niño?
3. ¿Cómo fue llamando sucesivamente el niño al papel rasgado del muro?
4. ¿Qué pasó con los juguetes del niño?
5. ¿Cómo refleja la miseria la descripción del niño y de su cuarto?
6. ¿Qué dice el niño sobre Davis?

7. ¿A quién fue a buscar Julián?
8. ¿Con quién se encontró?
9. ¿Qué intentó hacerle al desconocido?
10. ¿Quién lo detuvo?
11. Al llegar la mañana ¿qué encontró Julián que había pasado en su casa?

Cuestionario   *Capítulo 29*

1. ¿Qué dijo Leonor cuando Julián culpó a Davis de todas sus desgracias?
2. ¿Con quién se encontró Julián en la Quinta Normal?
3. ¿Cuál es la pregunta que Julián ve venir a cada instante?
4. ¿Qué dice Fortunato Bastías de Davis?
5. ¿Por qué se dio cuenta Julián de que se hablaba también de Davis y de su mujer?
6. ¿Qué decidió hacer?
7. ¿A quién esperó inútilmente?

Cuestionario   *Capítulo 30*

1. ¿Cómo le parece a Julián ahora la mirada de Leonor?
2. ¿Qué parecen ocultar los ojos de Leonor?
3. ¿Cuál es el pretexto de Julián para ausentarse?
4. ¿Qué parece buscar Leonor con sus salidas?
5. ¿Quién era el único que le dirigía la palabra a Julián?
6. ¿Qué hizo Leonor para conseguir dinero?

Cuestionario   *Capítulo 31*

1. ¿Por qué se fue Leonor de la casa?
2. ¿Para qué solamente tiene ojos Julián?
3. ¿Cómo le pareció a Julián el cuarto del niño?
4. ¿Qué bulto había frente a la ventana?
5. ¿Qué se clavaron en las pupilas de Julián?
6. ¿Qué sacó Julián del cajón?

7. ¿Qué escuchó Julián en la ventana?
8. ¿Quién era?
9. ¿Cómo venía?
10. ¿De qué acusa Julián a Davis?
11. ¿Qué le dice Davis sobre la inutilidad de dispararle?
12. ¿Cómo reaccionó Davis al disparo de Julián?
13. ¿Qué pensamientos cruzan el cerebro de Julián?
14. ¿Qué escribió Julián?
15. ¿Qué hizo Julián después de guardar la carta escrita en un cajón?

Temas   Capítulos 26–31

1. Describa los sentimientos de Leonor hacia Davis al recibir noticias sobre el duelo de éste con Julián.
2. Describa los efectos que produce en Julián la ruptura con Davis.
3. Explique la causa de los celos de Julián con respecto a Davis, Anita y Leonor.
4. En la novela se observa que Julián va perdiendo poco a poco contacto con la realidad. Explique la evolución de su locura citando ejemplos de la novela.
5. En el último capítulo del libro Walter Davis dice: "¡Oh! No hay nada más difícil que matar una mentira!" Discuta el poder de la mentira y la influencia que ejerce en las vidas de los protagonistas de la novela.

EJERCICIOS GRAMATICALES Y LEXICOS ·
Capítulos 26–31

A. Llene los espacios en blanco con la forma apropiada del adjetivo.

1. (amarillento) Sobre la mesa se veía un jarrón de porcelana _____.
2. (estúpido) Goldenberg la miró con una sonrisa _____ de Buda.
3. (cariñoso) Julián la envolvió en un largo abrazo _____.
4. (indiferente) La muchacha le dirigió unas palabras _____.
5. (inútil) Era una molestia continuar aquella conversación _____.

B. Llene los espacios en blanco con un artículo apropiado.

MODELO: *Un* hermoso collar rodeaba *la* garganta de *la* mujer de
Goldenberg.

1. Clavó _____ ojos en el rostro de su mujer.
2. _____ leve grito se ahogó en _____ garganta.
3. _____ aviso de Julián llenó a Leonor de sobresalto.
4. Goldenberg busca _____ hombre que quiera ser su socio en el
negocio.
5. Goldenberg le regaló a su mujer _____ bellos aretes de oro.

C. Llene los espacios en blanco con un adjetivo o un pronombre
demostrativo que sea apropiado.

MODELO: *Este* libro que tengo aquí se parece a *aquél* de Goldenberg.

1. Julián y Goldenberg llegaron juntos, _____ solo, _____ con su
esposa Leonor.
2. _____ acciones que tienes valen ahora mucho.
3. _____ que me acabas de decir me deja sorprendido.
4. _____ árbol, allá a lo lejos, ha dado buena fruta.
5. _____ niños de aquí no saben lo que quieren.

D. Llene los espacios en blanco de las frases de la columna A con una
expresión apropiada de la columna B.

A	B
1. Si él quiere hacer lo que no debe _____.	1. no acostumbro
2. Leyó el libro _____.	2. hay que ir
3. _____ llamar al policía.	3. ¡Qué se le va a hacer!
4. _____ a hablar de esa manera.	4. no tuvo más remedio
5. _____ a ver al profesor.	5. sin decir palabra
6. _____ que estudiar todo el día.	6. poco a poco
7. Se levantó de su asiento y _____ se fue de	7. en realidad
la habitación.	

8. Me recibió con el afecto _____.   8. uno tras otro
9. _____ hacía dos días que no comía.   9. Fue preciso
10. Los alumnos salieron de la clase _____. 10. de siempre

E. Usando los verbos a la derecha, traduzca al español las frases entre paréntesis.

1. (a) "Usted (will fall in love) _____ un   enamorarse de
       hombre que no existe."
   (b) Ellos (fell in love) _____ a primera
       vista.
2. (a) ¿Por qué (are you making fun of me?)   burlarse de
       _____
   (b) Míster Davis (mocked) _____ Julián.
3. (a) ¡Mi niño (is dying) _____!   morirse
   (b) (He died) _____ durante la noche.
4. (a) Es mejor (for you to be quiet) _____, callarse
       Míster Pardo.
   (b) Sería mejor que los vecinos (be quiet)
       _____.
5. (a) (He walked) _____ hasta dar con una   andar
       oficina de mensajeros.
   (b) Siguió (walking) _____ al azar hasta
       las ocho de la mañana.

F. Traduzca al español:

1. Leonor, by ten tomorrow morning I shall have arrived in Valparaíso for a meeting with my partner.
2. Julián would have confessed that he created Davis, but it was too late.
3. It is not possible that Davis may have killed Nito.
4. After Nito's death, Julián might have wanted Leonor to love him as before.
5. Julián was trying to kill a lie, but it was impossible.

Vocabulario

The following abbreviations are used:

adj.	adjective	*geol.*	geological
adv.	adverb	*indef.*	indefinite
Amer.	American	*interj.*	interjection
anat.	anatomical	*m.*	masculine
bot.	botanical	*mech.*	mechanical
chem.	chemical	*n.*	noun
coll.	colloquial	*pl.*	plural
com.	commercial	*p.p.*	past participle
derog.	derogatory	*pers.*	person
dim.	diminutive	*pret.*	preterit
f.	feminine	*pron.*	pronoun
fig.	figurative	*rel.*	relative
Fr.	French	*sing.*	singular

abandonar to abandon

abastecer to provide, to supply

abatir to knock down, to lower, to crush

abigarrado crowded

abismo abyss, chasm

abnegado self-sacrificing

abogado lawyer

abotagado swollen

abrazar to embrace, to hug

abrigo overcoat, shelter

abrochado fastened

absorto entranced, engrossed

aburrido bored

abyección degradation, abasement, dejection

acaloradamente vehemently, heatedly

acariciar to caress

acaso perhaps, maybe

acceder to agree

accesión aggradation (geological buildup of soil)

acciones shares, actions

accionista shareholder, stockholder

aceitunado olive green, olive-complexioned

acentuarse to accent, to be accentuated or emphasized, to stand out

acera sidewalk, pavement

acerbamente cruelly, harshly, bitterly

acercarse (a) to approach, to draw near

acertar to hit upon, to guess right, to succeed in

acierto skill, wisdom, good judgment

aclarar to clarify, to explain

acompasado rhythmic, slow, monotonous

acorde *n.* chord; *adj.* in agreement with, in accord

acorralado cornered, trapped

acrecimiento increase, growth; *law* property obtained by accretion

acreedor creditor

actuar to act, behave

acusador *n.* accuser; *adj.* accusing

adelantarse to move forward, to advance

ademán gesture, look, attitude, manner

adiposo fat, obese

adivinar to guess, to prophesy

adquirir to acquire

adusto austere, severe, stern

advertir to warn, to advise, to inform

afecto affection

aferrarse to grasp, to hold onto

afianzar to fasten, to secure

afirmar to affirm, to assert

afrontar to face, to confront, to defy

agazapado crouched

agitarse to become excited, disturbed

agobiar to overwhelm, to oppress

agonizante agonizing, dying

agotar to exhaust, to wear out

agradar to be pleasing, to please

agradecer to thank, to be thankful

agredir to assault, to attack

agregar to add

aguacero downpour, shower

aguardar to await, to expect

aguardiente brandy, liquor, rum

agudo sharp, acute

águila eagle

ahogar to choke, to smother; **ahogarse** to drown, to suffocate

aislamiento isolation, insulation

ajeno belonging to another

ajetreo bustling about, bustle

ala wing; **alas de la nariz** wings of the nose

álamo *bot.* poplar

alargar to lengthen, to make longer

alcance range, scope

alcanzar to reach, to catch up with, to get up to

alcoba bedroom, alcove

aldeano *adj.* village, rustic, rural, country; *n.* villager

alejarse to withdraw, to move away, to leave

alelar to make dull or stupid

alero eaves, overhang

aletazo blow with a wing or a fin

alfombra rug, carpet

algo *indef. pron.* something; a little; *adv.* somewhat, rather

algodon cotton

alineado lined up, forming a line

alisar to smooth, to polish

almacén warehouse, store

almohada pillow, cushion

almohadón large cushion

alojamiento lodging

alondra lark

alquiler rent, rental

altiplanicie high plateau

alto high

alucinación hallucination

alza *n.* rise, increase

alzar to raise, to lift, to pick up

amanecer dawn; **al amanecer** at daybreak

amante *n.* mistress; *pl.* lovers; *adj.* loving, fond of

amargar to make bitter, to annoy, to irritate, to exasperate

amargura bitterness, grief, affliction

amarillento yellowish

amarrar to tie, to bind

amarra mooring line, cable, rope

ambiente atmosphere

ambos both

amenazador threatening

amenazante menacing, threatening

amistad friendship

amistoso friendly

amodorrado drowsy, sleepy

amorío *coll.* minor love affair, fling, crush

amplio ample, roomy

amueblado furnished

anacrónicamente anachronistically, out of time, dated

anaquel shelf, cupboard

ancho wide

ángulo angle, corner

angustia anguish, anxiety

anillo ring

ánimo desire, intention

anónimo *n.* anonymous message; *adj.* anonymous

ansiedad anxiety, worry

antemano: de beforehand, in advance

anteojos eyeglasses, spectacles

antesala vestibule, anteroom; **hacer antesala** to be kept waiting

anticipado: por in advance

antigualla antique, old-fashioned object

antigüedades antiques

antipatía dislike, antipathy, aversion

apagar to put out, to extinguish (fire)

apartado post office box

apelar to appeal, to have recourse, to refer

aplanado flattened

aportar to contribute

apoyar to support, to hold up; **apoyarse** to rest, lean on

apremio pressure, constraint

apresuradamente hurriedly, hastily

apretado pressed together

apretarse to hold tight, to tighten

apretón: de manos a handshake

aprisionar to bind, imprison

aprovechar to use or employ profitably; **aprovecharse** to take advantage of

apuñalear to stab, to knife

apuntar to write down

apunte note, memorandum

arado *n.* plow

arañar to scratch, to scrape together

arbusto shrub, bush

arder to burn

ardid trick, ruse, devise

arena sand

arenoso sandy

arma weapon

aro hoop, ring, wedding band or ring; *Chilean* drop earring

arrabal suburb, outskirt

arrancar to pull up, to pull out

arrastrar to pull, to drag

arrebatar to snatch away, to seize

arreglar to arrange, to put in order, to fix up

arrepentimiento repentance

arrepentirse to repent, to regret

arriesgado *adj.* risky, hazardous

arriesgarse to risk, to venture

arrojar to fling, to hurl, to throw

arrugado wrinkled

arrullado lulled

arrullador lulling, soothing

arrumbado cast aside, neglected

as ace (in cards, dice)

ascender to raise, to promote, to ascend

ascensor elevator

asco nausea, disgust
asediar to besiege, to harass
asedio siege, blockade
asegurar to secure, to make safe or stable, to guarantee
asendereado *adj.* exhausted or worn out by work and troubles
asiento seat, chair
asir to grasp, to seize
asolador *adj.* destroying, demolishing, devastating
asomar to begin to appear or be seen; asomarse to look, to lean out
asombro amazement, astonishment
asunto subject, matter, affair
asustarse to be scared or frightened
atareado *adj.* busy, occupied (*p.p.* of atarear)
ataúd coffin, casket
atender to pay attention to
atenerse (a) to depend on, to rely on
atónito astonished, amazed, astounded
atontado stunned, bewildered
atravesar to pierce
atrayente atractive, appealing
atreverse (a) to dare, venture
atribuir to attribute, to ascribe to
atropellarse to stumble
atroz atrocious, brutal, savage
aturdir to daze, to stun; aturdirse to be dazed
audacia audacity, daring, boldness
audaz daring, bold
augurar to divine, foretell
aumentar to augment, to enlarge, to increase
aurífera gold-bearing
auriga charioteer
ausencia absence
avaro greedy, miserly

avergonzar to put to shame; avergonzarse to feel shame or get embarrassed
ayuda help
ayudar to help
azorado alarmed, startled, bewildered
azotar to whip, flog
azuleja *adj.* bluish
azulejo glazed tile

badulaque good-for-nothing
bahía bay, harbor
bala bullet
balancear to rock, sway
balanceo swinging, swaying, rocking
balaustrada banister
bancarrota bankruptcy
banco sand bar, shoal, bank
bandada flock
barandilla railing, banister
barba chin, beard, whiskers
barbilampiño beardless, smooth-faced
barriga belly, stomach
barrio district, neighborhood
barro mud, clay
basta it is enough or sufficient
bastón cane, walking stick
bastonazo a blow given with a cane
bata robe, dressing gown, house coat
batir(se) to beat, to hammer, to strike, to fight a duel
benedictino Benedictine (a religious order)
beneficencia charity, public welfare or institution
benévolo benevolent, kind
bermejo bright red
bienestar well-being, welfare, comfort, material ease
bigote *m.* mustache

bigotudo mustachioed, thickly mustached

billete bill, banknote, treasury bill, ticket

biógrafo cinema

bizco cross-eyed, squint-eyed, cock-eyed

blanquearse to whiten, to blanch, to polish, to fade, to turn whitish

blanquecino whitish, off-white

bocanada puff (of smoke), mouthful (liquid)

bocina loud-speaker, horn (of car)

bofetada slap, insult, slap in the face

bolillo: punto de bolillo handmade lace

bolsillo pocket

bombo bass drum

bondadoso kind, good-natured, gentle

bono bond, certificate

boquilla mouthpiece, *dim.* of boca

boratado *chem.* borated, talcum (powder)

borde edge, border, side, rim

bordear to skirt, to go round the edge of, to border on

bórico *chem.* boric

borrachera drunkenness, drinking bout, spree, binge

borracho *adj.* drunk, tipsy, intoxicated; *n.* drunkard

borrador rough copy

borrar to erase, to delete; **borrarse** self efface

bostezo yawn

botecito rowboat

brazo arm

brillo brilliance, brightness, glitter, shine

broma joke, jest

bromear to joke

bronce bronze

bruma fog, mist

bruñido polished, burnished

búcaro flower vase

bufido snort, bellow

bullir to boil, bubble

bulto bundle, bulge, swelling

buque ship, vessel, boat

burgués bourgeois, middle-class

burlarse to make fun of, to mock, to ridicule

burlón *adj.* mocking, jeering; *n.* mocker, joker

buzón mail box

cabecera headboard (of a bed)

caber to fit, to have enough room; **no caber duda** there is no doubt

cabezada a butt with the head

cabezudo big-headed

cabizbajo crestfallen, downhearted, depressed

cabrilleo furious argument

cabritilla kidskin, lambskin

cachimba smoking pipe

cadena chain

cadencioso rhythmical, lilting

caja box

cajón large box, case, chest, drawer

calabozo dungeon, cell, jail

calamidad calamity, disaster

calcinado burnt

cálculo calculation, thought

calificativo qualifier

caliginoso dark, musky, hot, sultry

calmoso indolent, lazy

calumnia calumny, slander

calumniar to slander, defame

callejuela small street, alley

camello camel

campal pertaining to a field or camp; **batalla campal** pitched battle

campanilla little bell, door bell, hand bell

canalla despicable person, rabble, riffraff

cangrejo crab

cano white-haired

cántaro large, narrow-mouthed pitcher

cantina canteen, lunchroom, bar, saloon

cantinero bartender, saloon keeper

caño pipe, tube

caoba mahogany

capa cape, cloak, coat

capaz capable, competent

capot *Fr.* car hood, the folding top of a convertible

capotudo hooded

capricho whim, desire

carabinero soldier detailed to pursue smugglers

caramba gracious! an expression of surprise, dismay, anger, etc.

carbón coal, charcoal

carboncillo fine coal, charcoal

carcajada outburst of laughter

carecer to lack, to want, to be in need (of)

careta mask

cargar to load, to refill, to take, to carry

cargo charge, post, position

cariñoso affectionate, loving

carmín crimson, carmine (dye), i.e., lipstick

cartera pocketbook, wallet

cascada *adj.* flat, weak, broken

catre cot, small bedstead

cauce riverbed

caudillo chief, leader, commander

causante *adj.* causing, originating; *n.* one who causes

cazador hunter

ceder to give up, to cede, to hand over

celos jealousy

cenizas ashes, cinders

centésimo hundredth

centinela sentry, guard, watchful person

cerciorarse to ascertain, to make sure

cerradura lock

cerrar to close, to lock

cerro hill, hillock

cesar to cease, to stop, to abandon, to give up

cesto basket

choque crash, collision, shock

chupada suck, sucking

ciego blind

cierto sure, certain

cifra figure, number

cimbrar to bend, sway, swing

cirio long wax candle

clarear to make lighter, to dawn

clavado fixed, stuck, nailed

clavel carnation

cobarde coward

cobardía cowardice

cobrar to collect, to retrieve, to get back

cochero coachman, charioteer

código code (of laws, regulations, ethics)

codo elbow

coger to seize, to grasp, to take hold of

cohibido restrained, inhibited, self-conscious

cojín cushion, pillow

cola tail (of an animal)

colarse to slip in, to sneak in

colegiala schoolgirl

colegir to gather together, to deduce, to infer

colgar to hang, to hang up, to suspend

colilla cigarette or cigar butt

colina hill, knoll

colmo limit, culmination, height

coloso colossus, giant

columpiar to swing, to sway, to rock

combo sledgehammer

comedor dining room

comensal table companion, fellow diner

comerciante merchant, businessman

comido: mal poorly fed

comilona feast, splendid meal

comisaría police headquarters

comisario chief of police

cómoda *n.* chest of drawers

compás tempo, beat, rhythm

complacencia pleasure, satisfaction

comprador buyer, purchaser

compromiso pledge, commitment

comunidad (business) partnership

concluir to conclude, to finish, to end, to close, to deduce

concurrencia crowd, gathering, audience

condenado *n.* convict, the condemned

condimentar to spice, to season, to flavor

condiscípulo fellow student, schoolmate

conejo rabbit

confianza confidence, trust, reliance, faith

confitería candy shop, pastry shop, cafe, tea room

conformarse to resign oneself, to conform, to comply

conforme in agreement, agreed, okay

congestionado congested

conjunción conjunction, union

conjunto group

conmover to be moved to pity, to be touched

conseguir to obtain, to attain, to manage to

consejo advice

constituirse to be established, set up, or created

consultorio dentist's or doctor's office

contado: al in cash

contar to count, tell, relate

contertulio fellow member of a social or literary circle

contorsionarse to contort oneself, to writhe

contra: en contra against, in opposition to

contraerse to contract, to reduce, to shrink, to become contracted

contraorden counterorder

contrapeso counterweight, counterbalance

contrincante competitor, rival, opponent

convencer to convince

convenido agreed upon

conyugal conjugal

coquetería coquetry, flirtation

corazón heart

cordillera mountain range

corpulento corpulent, bulky, thick set, stocky

corteza bark

cortina curtain

corvo crow

cosquillas: hacer cosquillas to tickle

costar to cost

cotidiano daily

cotización quotation, quoting (of current price)

crecer to grow, to increase, to augment

crepúsculo twilight, dusk, dawn

cresta crest, summit, top, peak

cretonas cretonne (cotton cloth)

criada servant, maid

criollo creole, an American born of European parents, native

crispar to put on edge, contract, convulse, twitch

criterio judgment, discernment

crujir to creak, to crackle

crup diptheria, croup

cruzar to cross

cuaderno notebook

cuadrar to match, to fit

cubrirse to cover oneself

cucaracha roach

cuello neck, collar

cuenta account

cuerdo *n.* a sane, wise, prudent person

cuerpo body, trunk, torso

cuestión matter, affair, business, dispute

culebra snake

culminante culminating, highest, outstanding

culpa fault, blame, guilt; **tener la culpa** to be to blame

culpable *adj.* guilty; *n.* culprit

cúmulo heap; cumulus, a set of rounded masses of clouds

cuna cradle; **cunita** *dim.* little cradle

cúpula dome

cursi *coll.* affected, tasteless, gaudy, cheap

cuyo *rel. pron.* whose, of which, of whom

chal stole, shawl

chantaje *Fr.* blackmail

charco pool, pond, puddle

chato flat

chillón(a) shrill

chinesco Chinese style

chiquillo child

choque clash, collision, shock

chupada suck, sucking

dactilográfico *adj.* secretarial types

dado: cifra dada a given or fixed amount

daño damage, harm, injury

dato fact, piece of information

debatir to debate, to argue, to discuss; **debatirse** to struggle with oneself

deber *n.* duty; *v.* to owe, must

debilidad weakness

decantar to exaggerate, to aggrandize

décimo tenth

declinar to decline, to fail, to get weak, to diminish, to deteriorate

defraudar to defraud, to deprive, to cheat

defunción death, demise

deletrear to spell, to decipher, to interpret

delito crime, offense, felony

demanda demand, claim

demorar to delay, to retard

depósito depository

derecho straight to or right to; *pl.* duties, taxes, fees

derroche waste, squandering, extravagance

derrumbar to demolish; **derrumbarse** to fall down

desabotonar to unbutton

desacuerdo discord, disagreement

desafío challenge

desaforadamente to excess

desagrado displeasure, discontent

desastre disaster, catastrophe
desatentado wild, rash
descabellada rash, wild, disordered, absurd, illogical
descanso rest
descarado *adj.* shameless, brazen; impudent; *n.* scoundrel, rogue
descender to go down, to descend
descolgar to take down, to lower
descompuesto rude, impolite; *mech.* out of order
desconfiado distrustful, distrusting, suspicious
desconfianza distrust, suspicion
desconsuelo grief, distress, sorrow
descoyuntarse to dislocate (bones)
descubierto: en *com.* overdrawn; uncovered
descuento *com.* bill of exchange
desdicha misfortune, disgrace, affliction, poverty
desdichado *n.* unfortunate person, poor wretch
desear to desire, to long for
desentenderse to feign ignorance, to take no part in
desenterrar to dig, to unearth
desesperante maddening, infuriating, causing despair
desesperarse to become desperate
desfilar to parade by, to march in review
desgano: con reluctantly, unwillingly
desgastar to wear away, to wear out, to become weak
desgracia misfortune; **por desgracia** unfortunately
deshacer to undo, to destroy, to take apart
desligado disentangled, free, unfastened
deslizar to slide, to slip, to glide
deslustrado tarnished, dimmed

desmantelado dismantled, falling into ruins
desmayarse to faint or swoon
desmesuradamente excessively
desnudo naked, bare
desorbitarse to get out of orbit
despachar to dispatch, to send off
despacho office
desparpajo ease, confidence, assurance
despedida farewell, dismissal, discharge
despedirse to take leave, to say goodbye
despertar to awaken
despojo robbing, plundering
desprecio contempt, scorn, disdain, disregard
desprenderse to come loose (from)
despreocupación unconcern, absentmindedness
destacarse to be outstanding or prominent, to excel
desteñido faded, discolored
desuncirse to unyoke oneself
desvanecerse to disappear, to vanish, to swoon
detalle detail, particular, specification
detenerse to stop, to halt, to linger, to pause
detestable detestable, loathsome, hateful
deudor debtor
devocionario prayer book
diario *n.* newspaper; *adv.* daily
dibujar to sketch, to draw, to outline
dicha happiness, bliss, good fortune
dichoso lucky, fortunate, blessed
dictar to dictate, to prescribe, to command
diente tooth
difunto dead person, corpse

digno meritorious, deserving; **digno de** worthy of, honorable
diluvio flood
diminuto small, little, minute
diputado representative, delegate, congressman, member of parliament
disculpa excuse, apology
disculpar to excuse or apologize
disertación discourse, disquisition, speech, essay, thesis
disgusto annoyance, irritation, quarrel
disimular to pretend, to feign, to mask, to disguise
disipar to disperse, to break up, to scatter
disminuir to diminish, to reduce, to decrease, to lessen
disparar to shoot, to fire
disparate foolish remark, nonsense
disparo shot, discharge
displicencia coolness, indifference, lack of spirit
disponer to have at one's disposal
disquisición disquisition, a careful examination of something
distinto different, distinct, clear
distraerse to distract, to amuse, to entertain
distraído distracted, amused, entertained
divertir to amuse, to entertain; **divertirse** to enjoy oneself
dócil obedient, tame
domicilio residence, house, home
dragaje dredging
duelas stave, stick
dueño owner, proprietor

echar to throw, cast out, eject, expel
edificar to build, to construct
efectuar to carry out, to perform

egoista selfish, self-centered
eje axis, axle, shaft
embarazoso embarrassing
embarrar to splash with mud
embaucador *adj.* deceiving, swindling; *n.* trickster, cheater
embocadura mouthpiece
embotarse to blunt, to weaken, to dull
embotellado *coll.* cornered, bottled up, paralyzed (business deal)
embozado masked, with the face covered up
embromar to tease, to annoy, to vex
embustero liar
empalidecer to become pale
empeñar to pawn
empleado employee
empujar to push, to shove
empuñadura sword hilt
enamorado *n.* lover, sweetheart; *adj.* in love
enamorarse to fall in love
encaje lace
encanto charm, enchantment, fascination
encargarse to take charge of, to make oneself responsible for
encargo task, assignment, request
encender to light, ignite, switch on
encerrar to lock up, to enclose
encima de above, overhead, at the top of
enclenque weak, feeble, sickly
encomendar to entrust, to commend, to send one's regards to someone
encontrar to meet, to find, to come across
enfermo sick, ill
enfilado placed in a line or row
enflaquecer to grow or become thin
enfurruñarse to become angry or peeved

engañar to deceive, to cheat

engaño trick, swindle, hoax, deception

engarzarse to link, to join, to connect

engendro *n.* foetus, monster, poorly worked out idea or plan

engranujarse to have goose bumps

enigma puzzle, riddle

enjaular to put in a cage, to imprison, to confine

enjugar to dry; to wipe away

enjuto lean, thin, dry

enmudecer to silence, to hush, to be or become speechless

enojado angry, vexed

enorgullecerse to be proud of, to pride oneself on something

enredadera climbing plant, vine

enredo complicated situation, mess

enrojecer to blush, to redden, to make red

ensañarse to infuriate, to enrage, to vent one's cruelty on

ensanchar to widen, to broaden, to stretch

ensimismado deep in thought, pensive

entablados floorboards

entierro burial, funeral

entornado half-closed (eyes)

entrañas entrails, innards; *fig.* heart

entreabierto half-opened, ajar

entrecruzar to intercross, to interweave

entregar to deliver, to hand over, to surrender

entretenerse to entertain, to amuse

entrometerse to meddle, to intrude

entusiasmar to make enthusiastic, to encourage

envalentonar to encourage, to embolden, to become boastful

envejecido old, aged, worn out by suffering

enviar to send, to dispatch

envidiar to envy, to covet

envidioso envious, jealous

envilecido debased, degraded

envuelto wrapped, bundled

equivocado wrong, mistaken, incorrect

erguir to raise, straighten

erizarse to bristle, to stand on end (hair), to get goose pimples

errado mistaken, erroneous

esbelto lithe, slender, graceful

escalofrío shiver, shudder, chill

escaño seat, bench

escaparate display window, glass case

escasez scarcity, lack, shortage

escaso short, limited, scanty

escondidas: a escondidas secretly

escote neck, neckline

escozor burning, smarting, stinging, itching

escribiente clerk, scribe

escrito *adj.* written; *n.* letter, document

escritorio desk, study, office

escritura writing, document; *law* deed

escrúpulo scruple, misgiving, qualm

escudarse to shield, to protect, to defend

escueto plain, simple, direct, unadorned

esfera sphere, dial (of a clock)

esfinge sphinx, enigmatic person

esfumarse to vanish, to disappear

esmeralda emerald

esmerarse to polish, to be meticulous, to be painstaking

espalda back, backside

especulador speculator

espejo mirror
espejuelo glint, sheen, mirror
esperanza hope, expectation, prospects
espeso thick, dense, compact
espina thorn
espino hawthorne bush
espolear to spur (a horse)
espuela spur, incentive, stimulus
espuma foam, froth, lather
esquema plan, outline, sketch, diagram
esquina corner
esquivar to avoid, to evade, to dodge
establo stable
estallar to explode, to burst, to blow up
estampada stamped, embossed
estampar to stamp, to print, to engrave
estancia stay, sojourn, room
estela wake, trail
estertor death rattle, rasping breath (of the dying)
estrangular to strangle, to choke
estrechamente tightly, narrowly, closely
estrechar to tighten, to narrow, to reduce
estrecho narrow
estrellarse *coll.* to smash, to dash (against)
estremecer to shiver, to shake
estrépito clamor, din, deafening noise
estrepitoso noisy, clamorous
estribo stirrup
estridente strident, shrill, noisy
estruendo clamor, noise, clatter, uproar
estufa stove, heater
estupefacto stupefied, astonished, thunderstruck

estupor stupor, lethargy
eureka *interj.* I found it!
evitar to avoid, to evade, to dodge
exigir to demand, to exact, to require
éxito success, outcome, result, end
expectativa expectation, hope, expectancy
experimentar to experience, to go through, to undergo
exprimir to squeeze, to press out, to wring
extender to extend, to enlarge, to expand, to stretch

fachada façade, front
falsificar to falsify, to forge, to counterfeit, to fake
fango mud
fantasma ghost, phantom, apparition
farol lamp, streetlamp
fárrago hodgepodge, jumble
farsante fraud, charlatan
fastidio annoyance, irritation
fatiga fatigue, tiredness, weariness, shortness of breath
fauna animal life
fe *f.* faith, confidence, trust
febril feverish
fecha date, moment, time
fianza deposit, guarantee, bond
fidedigno trustworthy, reliable, creditable
fiel faithful, loyal
fiera wild animal, beast
figurín fashion magazine
fijarse to pay attention, to notice, to become fixed
fijo fixed
fingir to pretend, to feign
firmar to sign
flecha arrow
floración flowering, florescence
florete fencing foil

follaje foliage
fondo bottom, background, fund
fórmula prescription, recipe, method, pattern, solution
formulismo red tape
forrado lined, covered
fracasado unsuccessful; *n.* failure
fracasar to fail
franqueza frankness, openness
frenar to apply the brakes
frente *f.* forehead, brow; *m.* front, front part
frisar to frizz, to frizzle, to rub
frutilla strawberry
fuego fire, light
fuente fountain, source, dish, platter
fuerza strength, power, might, force
fundir to blend together
fundo country estate, farm
funerario funeral
furibundo furious, irate, enraged
furtivamente furtively, stealthily
fusilar shoot, execute by shooting

gafas spectacles
galleta biscuit, cracker
gallinero henhouse
galones *military* stripe, decoration
ganancia profit, gain, advantage
garantía guarantee, security
garfio grappling iron, hook
garganta throat
garrear to drag the anchor
gastado worn out, shabby, threadbare
gato cat
gerente manager
gestión step, measure, arrangement
giro postal money order
goce enjoyment, pleasure
golpe blow, knock, hit
golpear to hit, to strike
gorra cap, bonnet

gota drop
grada step (of a staircase)
graznar to caw, to croak, to cackle
greda clay, loam
gringo foreigner, fair-headed person; *derog.* American or British
gritar to shout, scream, call out
grosero rude, vulgar, coarse
grueso thick, stout, heavy, bulky, big
gruñir to growl, grunt, grumble angrily
guante glove
guardarse to keep (the law, one's word, a secret), to put away
guiñar to wink
gusano worm, maggot, grub

habano Havana cigar
habitación room, dwelling
hallar to find, to discover
hallazgo finding, discovery
hamaca hammock
harapiento ragged, unkempt
harto *adv.* very; *adj.* fed up, satiated
hastío tedium, boredom
hecho *n.* fact
helado ice cream
helecho fern
henchido filled
heno hay
hercúleo Herculean
heredar to inherit
herido wounded, hurt
hielo ice
hilacha thread; *pl.* tatters, rags
hipo hiccough (hiccup)
histerismos hysteria, hysterics
hocico snout, muzzle, mouth
hoja leaf; **hoja de lata** tin plate, tin
hojear to leaf through
hombro shoulder
honra honor, fame, respect
honrar to honor, to respect

hormiga ant
horrorizarse to be horrified, to be terrified
hoyo hole
huacos *Amer.* ceramic figurines found in Indian tombs
hueco *adj.* hollow; *n.* hole
huella footprint, track
hueso bone
huir to flee, to run away, to escape
humedecer to dampen, to moisten
húmedo humid, moist
humillación humiliation, humbling
humillante humiliating, degrading
humillarse to humble oneself, to grovel
humo smoke, steam, vapor
hundirse to collapse, to sink
huyendo fleeing, escaping, running away

ignominia disgrace, infamy
ignominioso disgraceful, opprobious
igual equal, same, similar
iluminarse to light up
iluso *adj.* deluded, misguided; *n.* a dreamer
impacientar to make impatient, to vex, to irritate
impartir to impart, to grant; *law* to demand
impenetrable impervious, incomprehensible
imperturbable immovable, impassive
imponer to impose; **imponerse** to be impressive, to dominate, to gain control
importar to be important, to matter
imprevisión lack of foresight, thoughtlessness
impúdico immodest, indecent, improper

impunidad impunity
incendio fire
inclinar to bow, to bend
inconexo unconnected, irrelevant
inconsciencia unconsciousness, irresponsibility, unawareness
incontenible irrepresible
incontestable unquestionable, indisputable
incorporarse to sit up, to join
indefectiblemente without fail
indefinible undefinable
indemnización indemnification, indemnity, compensation
indicar to indicate, to show, to point out
índice index
indígena indigenous, native
indignado indignant, outraged
indigno unworthy, contemptible
indisposición indisposition, slight illness
indispuesto indisposed, unwell
índole nature, character, disposition
ineludible inevitable, unavoidable, unescapable
inexorable inexorable, unyielding, relentless
infamia infamy, baseness, vileness, disgrace
infeliz unhappy, unfortunate, luckless
inflado inflated, swollen
infundir to infuse, to fill, to inspire with, to instill
ingenioso ingenious, clever, witty
ingenuidad ingenuousness, naiveté, simplicity, candor
ingenuo ingenuous, naive
iniciador initiator, introducer
inmenso immense, enormous, countless

inquieto restless, fidgety, uneasy, anxious
inquietud disquiet, uneasiness, restlessness
insolencia insolence, impertinence
insolente insolent, impertinent, haughty, arrogant
instalar to install
insustituible irreplaceable
íntegro whole, complete, honest, upright, honorable
internarse to penetrate, to go into
interrogante *adj.* questioning, *n.* questioner
intruso intruding, meddlesome; *n.* intruder, unauthorized guest
inundar to inundate, to flood, to fill
inútil useless, fruitless, pointless
inverosímil unlikely, hard to believe, fantastic, unimaginable
ira anger, ire, wrath
iracundo irascible, angry, irate, wrathful
irguió *pret.* of **erguir** *(3rd pers. sing.)*
irresoluto irresolute, wavering, hesitant
irrigador irrigator

jactancia boasting
jadeante panting, out of breath
jamás never
jamón ham
jaqueca headache
jardín garden
jarrón large vase, urn
jirafa giraffe
jockey professional rider; *Chilean* a type of hat
joya jewel
joyería jewelry store
jugada act of playing, move (chess, checkers), dirty trick

juguete toy
jurar to swear, to declare upon oath
juzgar to judge, to pass judgment on

klaxon horn (of a car)

labio lip
lacio limp, lifeless, flaccid
ladrillo brick
ladrón thief, robber
lagar wine, olive or apple press
lágrima tear
lama gold or silver fabric, lamé
lamentar to lament, to bewail, to mourn
lamento lament, moan, wail
lance difficult moment
languidecer to languish
lanzarse to go toward
lapicera mechanical pen
lástima pity, compassion
lata: hoja de tin plate
látigo whip, horsewhip
lavabo washstand, washbasin, washroom, bathroom
laxitud laxity, laxness, slackness
lazo lashing rope
leal loyal
lealtad loyalty, faithfullness, fidelity
lechero milkman
lecho bed, couch
legado legacy, bequest
lejanía distance, remoteness, background
lejano distant, remote, far off
lengua tongue
lentamente slowly, lingeringly, lazily
lentitud slowness, sluggishness
letra *com.* draft, bill of exchange
leve light; *fig.* trivial, unimportant
ley law
liar to tie, to bind, to wrap up

libreta notebook, bank book
lío bundle, package; *coll.* mess, jam,
  fix
liquidar to liquidate, to pay off, to sell
  at bargain prices
literato *adj.* well-read, cultured; *n.*
  man or woman of letters, writer
lívido livid, leaden gray, ashen
lodo mud, mire, sludge
loma hill, slope
lomaje *Chilean* hilly ground
lomo back (of an animal); *anat.* loin
losa slab, stone, flagstone, tile
lote share, portion, lot
lucro profit, gain
lujo luxury
luna moon
llanto weeping, crying, sobbing
llanura flatness, evenness, plain, prai-
  rie
llorar to cry, weep
lloroso tearful, weeping
llovizna drizzle, fine rain

macetero flowerpot
machacar to crush, to pound; *fig.* to
  be a pest or bore
madrugada dawn, daybreak
mal: menos mal Thank heaven!
maldito damned, accursed, wicked
malecón sea wall, dike, embankment,
  breakwater
maleta suitcase
maletín small suitcase, attaché case
malhadado unfortunate, unlucky,
  wretched
malhumorado bad-tempered, ill-
  humored
malicia malice, maliciousness, wick-
  edness
malignidad malignity, malignancy
malva *bot.* mallow, hollyhock; *color*
  pinkish

mamotreto notebook, memorandum
mampara glass door
mancha stain, spot
mandatario agent, attorney, one who
  acts for someone else
mandíbula jaw, mandible
manga sleeve
mango handle
manicomio insane asylum, madhouse
manifestar to express, say, declare;
  manifestarse to show or reveal
  oneself
manifiesto: poner de manifiesto to
  make obvious
maniobra handling, operation; *fig.*
  maneuver
maniquí puppet, weak-willed person
manita little hand
mansedumbre tameness
manso tame, gentle
maquinalmente mechanically
mar sea, ocean
marchar to go, proceed; marcharse to
  go away
marfil ivory
margen *f.* bank (of river), edge
marinero sailor
mariposa butterfly
mármol marble
marquesa marquise
martillazo hard blow of the hammer
martillero auctioneer
martirio martyrdom, torture
mascar to chew
mascullar to mumble, to mutter
matón bully, troublemaker
matorral thicket, underbrush
mausoleo mausoleum
mecedora rocking chair
medidor meter (for gas, electricity)
mefistofélico diabolical, evil
mejilla cheek
membranoso membranous

membrete letter head
mentira lie, untruth
mentón chin
merced will, pleasure
mesón inn, tavern; *Chilean* counter
meter to put in, to put into
mezclarse to meddle, to mix
milagro miracle
mimoso playful, pampered
mintiendo lying
minuciosamente meticulously, thoroughly
minúsculo *adj.* very small; *n.* small letter
miope nearsighted
misiá *coll.* mistress, Miss
mito myth
modista dressmaker
molestar to annoy, to bother, to vex
molestia nuisance, bother
molo *Chilean* breakwater
molusco mollusk
moneda coin
monja nun
montón heap, pile
moreno dark-skinned, swarthy, brunette
mortífero deadly, lethal, fatal
mosca fly
mosto unfermented grape juice
motriz *adj.* moving
mozo youth, waiter
mudo dumb, mute
mueble piece of furniture
mueca grimace
muelle pier, wharf, dock
muerto (archaic for **matado**) killed; *adj.* dead
multiflor *bot. Chilean* multiflora rose; *adj.* many flowered
munición ammunition
muralla wall, city wall
murciélago bat

muro wall, barrier
mutismo dumbness, silence

nariz nose (*pl.* **narices**)
natalidad birthrate
náufrago shipwrecked person
neblina fog, mist
negar to deny
negocio business
neumático tire (of a car)
neurastenia nervous prostration
neurasténico neurasthenic, neurotic
nicho niche
nido nest
niebla mist
nieve snow
nítidamente clearly, brightly
norma norm, standard, rule
notaría notary's office
novedad novelty, piece of news
nube cloud
nublado cloudy, overcast
nuca nape (of neck)
nudoso knotty, knotted

obligar to force, to compel, to obligate
obra work, product, deed
obsequio gift, present
obús howitzer, mortar
ocultar to hide, conceal; **ocultarse** to hide oneself
odiar to hate, to loathe
odio hatred
oferta offer
oído ear
ojera dark circle under the eye
oleografía oleograph, oleography, imitation oil painting
olor smell, odor, fragrance
olvido forgetfulness, oblivion
opinar to think, to judge, to form, to express or have an opinion

oportunamente conveniently, at the right time
oprimir to press, to squeeze
opuesto *adj.* opposing, contrary, opposite
orgullo pride, arrogance

padrino second (in a duel), godfather
paisaje landscape
pajarito little bird
pájaro bird
paliducho pale, sickly
palita small shovel
palpitar to beat, to throb, to quiver
pantera panther
pañolón large square shawl
pañuelo handkerchief
papeleta ticket, slip
parco scanty, frugal, economical
parecido alike, similar
pared wall
parlanchín talkative, chattering
parpadeante blinking, winking
parpadear to blink, to wink
párpado eyelid
parrón wild grapevine
partida departure
partidario supporter, follower, advocate
pasamano handrail
pasar to happen, to pass
pasillo corridor, hall
pasito little step
pastar to graze
pasto pasture, grass, hay
pata paw, foot, leg
patear *coll.* to kick, to stamp (with rage)
patente clear, obvious, evident
patíbulo scaffold, gallows
pavor terror, fear, fright

payaso clown
peces fish (*pl.* of **pez**)
pecho chest, breast, bosom
peculio funds
pegado stuck, glued
peligro danger
pellizco pinch, nip
peluquería barbershop, hairdresser's shop
pena sorrow, grief
penosamente painfully, sorrowfully, with difficulty
penumbra semi-darkness
peor worse
percance mishap, misfortune, accident
perderse to lose (itself, oneself)
perezosamente lazily, slowly, sluggishly
perjudicar to harm, injure
permanecer to remain, stay
perorar to make a speech, to beseech
perseguido pursued, persecuted
perseguir to chase, to pursue
persa Persian
perspectiva perspective, outlook
perspicaz shrewd
pertenencia property, possession
pertinacia insistence, obstinacy, stubbornness
perturbar to disturb, to upset
pesadilla nightmare
pesado heavy, oppressive
pesar to weigh
pesca fishing
pescuezo neck, throat
pestaña eyelash
petaca tobacco pouch
petimetre dandy, dude
picadura perforation, bite, sting
picante highly seasoned, very hot
picardía mischievousness

picaresco roguish, mischievous, impish

picotear to peck, to bite (with the beak)

piedra stone

piel skin, fur

pierna leg

pieza room (of a house)

pila *Amer.* fountain

pillar *coll.* to catch someone doing something

pintar to describe, to depict, to paint

pintarrajeado heavily made-up

pío pious, devout

pita fiber from the century plant

pitazo sound or blast of a whistle

plácidamente placidly, peacefully

plancha sheet, plate (of metal)

planicie plain, level ground

planta sole (of the foot); plant

plata money, silver

platear to plate or coat with silver

plazo date of payment, term, installment

plegaria prayer, suplication

pleno full, complete

poder *n.* power, power of attorney

poderoso *n.* powerful person

policial *adj.* police

póliza insurance policy

polvo dust

polvoriento dusty

pollito little chicken

pómulo cheek bone

ponchera punch bowl

portería porter's desk, office or quarters

portezuela small door, car door

porvenir future

posarse to perch, to alight, to repose

posma slow, sluggish person

postergar to postpone, to put off, to pass over

postigo small gate

poza puddle

prado meadow

precipitado fast, quick, precipitous

precisar to specify, to state precisely, to determine

preciso necessary, indispensable

precursor *adj.* preceding

predilección preference

predilecto favorite, preferred

prendedor brooch

prender to set afire, to light a fire

prensa: poner en to put the squeeze on

preocupación worry

preocupar to worry

preparatoria preparatory school for university

prescindir (de) to dispense with

presentarse to introduce

presentir to have a presentiment of, to predict

preso imprisoned, seized

préstamo loan

prestarse to lend itself, to be suitable

prestigio prestige

presumir to presume, to conjecture, to be vain

previsora foresighted, cautious, wise

prisa: de in a hurry

profetizar to prophesy

prolijamente tediously, extensively

pronto: de suddenly

propina tip

proponer to propose

proporcionar to provide, to furnish

prorrumpir to burst into (tears, laughter)

prosaísmo commonplaceness

proscrito exile

protagonista protagonist, main character, hero
provecho benefit, advantage
puente bridge
pueril childish
pugnar to fight, to struggle
pulmones lungs
punta tip
puñado handfull
puño fist
pupitre desk
puro *n,* cigar; *adj.* pure

quebrada ravine; *Amer.* stream
quebrar to break
Quechua *n.* Quechuan (an Andean Indian)
quedo quiet, tranquil, soft, low voice
quehacer task, chore
queja complaint
querida *n.* mistress
quiebra bankruptcy
quimera fantastic, unrealistic idea
quinta country house

rabioso furious, angry
raíz root
rama branch
ramo bouquet, bunch
rana frog
raptarse to abduct, to kidnap
rapto seizure, fit, abduction
rascacielo skyscraper
rascar to scratch, to scrape
rasguñar to scratch
rastro trail
ratonil mouse-like
ratos: a at times, sometimes, from time to time
rebajar to lower, to stoop
rebuscado affected, unnatural, pedantic

recién recently, newly
recio strong, robust
reclamar to demand, to ask for
recobrar to recover
recogerse to retire (to sleep or rest)
recorrer to traverse, cross
rector principal of a school
recuerdo (de) memory of
recurso recourse
rechazar to reject
rechinar to creak
red net
redondel circle
reemplazar to replace
refunfuñar to grumble, to mutter angrily
regar to water, to irrigate, to sprinkle
regordete plump, chubby
regresar to return
rehuir to decline, refuse
rejilla latticed window
relámpago lightning, flash
reliquia heirloom
reloj clock, watch
remate sale at auction
remedio remedy, cure, solution
remitido *n.* answer
rendija crack, crevice
renunciar to give up, to renounce
reo criminal, accused person
reparar to notice, to perceive
repelente repellent, repulsive
repente: de suddenly
repentinamente suddenly
repercutir to reverberate, to echo
repleto replete, full
reposo rest, repose
representado *n.* the one being represented
reprimir to repress, to curb
reproche reproach, rebuke, reproof
repuesto recovered (from illness)

repugnar to disgust, to nauseate
resonante resonant, resounding
resoplar to snort, to breathe hard
respaldo back (of bed or chair)
respirar to breathe
resplandecer to shine, to glisten
restregar to rub hard, to scrub
resuelto resolute, determined
retirar to withdraw, to take out; **retirarse** to retire, to go away
reticencia deliberate hesitation of speech
retraído retiring, reserved, aloof
retrasado delayed
retrato portrait
retroceder to go back, to back away
revolotear to fly or flutter around
revolverse to stir, to turn over
rezar to pray
riberano owner of a riverside property
riel ingot, bar, rail
riendas reins
riesgo risk, danger, hazard
riñon kidney; *pl.* loins
riqueza wealth, riches
risueño smiling, laughing, cheerful
rizo curled lock of hair
robo theft, burglary
rodear to surround, to encircle
rodeos: sin without subterfuge, evasion
rodilla knee
rojizo reddish, ruddy
rollizo plump, stocky, sturdy
rollo roll (of paper), roller
roncar to snore
ronco hoarse, raucous
ronquido snore, harsh raucous sound
rosal rose bush or plant, rose garden
rosario rosary (prayer beads)
rostro face, countenance

roto broken
rotundamente categorically, flatly, peremptorily
rozagante splendid looking and conscious of it, flowing
rozar to touch lightly in passing
rubicundo reddish, rosy with health
rubio blond, fair, golden
ruborizar to blush
rúbrica flourish (of signature)
rudo coarse, rough
rueda wheel, stock market
ruego request, petition
ruido noise
rumbo course, direction
rumiar to ruminate, reflect on, meditate
rutinario routine

sábana sheet
salero saltshaker
salida exit, emergence, coming out
saliente protruding, projecting, prominent
salivazo spit, spittle
salón drawing room, reception room
salpicado sprinkled, splashed, spattered
salsa sauce
saltar to jump, to leap
salteo hold up, robbery
salto jump, leap
sangre blood
sapo toad
sastre tailor
satisfecho satisfied, content
secretearse to whisper, to talk in secret
seda silk
seducir to seduce, to entice, to tempt
seguramente surely, of course, probably

seguro *n.* insurance; *adj.* safe, secure

semáforo traffic light

semejante similar, alike

semejar to resemble, to look like

semidiós demigod

sendero path, way, means

seña sign, signal, gesture

sepultura grave, tomb, interment, burial

sepulturero gravedigger

ser *n.* being

servilleta napkin

sien temple

siglo century, age, era, epoch

sinuosidad sinuosity, hollow, concavity

sinvergüenza scoundrel, rascal

siquiera even, at least

sobrado left over

sobreponerse to overcome, to rise above, to control oneself

sobresalto sudden fright, scare, alarm

sobretodo overcoat

sobriamente soberly, moderately

sobrio moderate, temperate, sober

sobresaltado startled, alarmed, frightened

sociedad society, firm, company

soez crude, vulgar, indecent, vile, (*pl.* **soeces**)

solapadamente deceitfully, underhandedly

soledad solitude, solitary

sollozar to sob

soltera single, unmarried

soltura ease, confidence

sombra shadow

sombrío somber, gloomy

sonido sound, noise

sonreírse to smile

soñar to dream

soñoliento sleepy, drowsy, lazy

soplar to blow

sopor stupor, lethargy, drowsiness

sordo deaf, muffled, dull

sospechar to suspect, to be suspicious

suave soft, smooth, delicate, gentle

sublevar to incite to rebellion, to stir up, to arouse

subrayar to underline, to emphasize

suceder to happen

sucio dirty, soiled

suelo soil, earth; floor; **por el suelo** very low

suelto loose, free

sueño dream

sugestionar to influence, to induce by suggestion

sujetar to secure, to tie, to hold in place

sujeto individual, person

sumergir to submerge

suntuoso sumptuous, magnificent, splendid

suplantación falsification, fraudulent alteration, forging

suplantar to supplant, to displace

suplir to substitute, replace

suponer to suppose, to assume

supuesto *p.p.* of **suponer**

surgir to spring up, to arise, to appear

suscrito the undersigned

suspender to suspend, to hang, to interrupt

suspirar to sigh

tabla board or plank

tablado flooring

taladrar to drill, to bore

tamborear to drum with the fingers

tapiz tapestry

tapizado covered or upholstered

tarjeta card
techo ceiling
tejer to knit or weave
tejido fabric, woven fabric, mesh
temblar to tremble
temblor tremor, trembling
tembloroso quaking, trembling
temeroso fearful, timorous
temible to be feared, frightening
temor fear
tentación temptation
tenue tenuous, weak
ternura tenderness
terreno land, ground, terrain
terso smooth, glossy
testamento will, testament
testigo witness
tétrico somber, gloomy
tibio warm, tepid, lukewarm
tientas: a tientas feeling one's way,
   gropingly
tierra land
timbre doorbell, buzzer, stamp, seal,
   tax stamp
timidez timidity
tinieblas darkness
tinta ink
tiritar to shiver
tiza chalk
tobillo ankle
tonel cask
tonto foolish, stupid, silly
toque ringing, tolling (of bells)
torcer to twist
torpemente clumsily, awkwardly
tortuga turtle
torvo fierce, grim
tos cough
toser to cough
traicionar to betray
trama plot, scheme
transcurso course (of time)

transparentarse to show through
tranvía streetcar, tramway
trapo rag
trasladar to move (from one place to
   another)
trasnochar to stay up late
trasto junk
trazado outlined, traced
trazo line, outline, trace
trémulo tremulous, trembling
trigo wheat
trino trill, warble
tristemente sadly
triturado chewed, crushed
tropezar to stumble, to trip
tropezones: a stumbling
trueque: a in exchange
tumba grave tomb
tupido thick, dense
turbar to disturb, upset
turbio cloudy, dark

umbral threshhold, door step
único only
unir to join, to connect, to unite, to
   merge
unísono: al unísono in unison
uñas fingernails
urdir fig. to plot, to concoct
útil useful
utilizar to use

vacilante vacilating, hesitating
vacilar to hesitate, to waiver
vadear to wade, to ford, to get
   around
vagar to roam, to wander
vaho vapor
vaivén coming and going
vaquero cowboy
vaticinar to prophesy, to predict
vejestorio relic

vejete comic or ridiculous old man
vela candle, sail
vengarse to take vengeance, to avenge oneself
veranear to spend the summer
verbigracia for example, that is
verdoso greenish
vergonzante shameful
vergonzoso shameful
vergüenza shame
vértigo dizziness
vestigio vestige, trace
vidrio glass
vientre belly
viga beam, rafter
vigésimo twentieth
vigilancia vigilance
vigilante watchman, guard
vigilar to watch, to observe
vil vile, infamous

violáceo purplish
visillo sheer curtain
vista sight, vision, view
vitrina showcase, show window
viuda widow
viudo widower
vividor one fond of high living
vivo alive, lively
vocablo word, term
vocerío shouting, uproar
volante steering wheel
volar to fly
volver to return

yacimiento *geol.* deposit

zanahoria carrot
zócalo wood molding
zorro fox
zumbido buzz, buzzing